I0615192

René Prévot, 1880 im Elsass geboren, kam als 23-Jähriger nach München. Er arbeitete als Künstler, Autor, Theaterkritiker und als Journalist bei der »Münchner Post«, dem »Münchner Merkur« sowie der Zeitschrift »Jugend« und starb 1955 in München. Er war, so der FAZ-Journalist und Schriftsteller Wolfgang Drews, einer der »wirklich vertrauenswürdigen Zeugen der versunkenen Jahrzehnte«.

edition monacensia
Herausgeber: Monacensia
Literaturarchiv und Bibliothek
Dr. Elisabeth Tworek

René Prévot

Kleiner Schwarm für Schwabylon

Dieses Buch erschien erstmals 1954 im Verlag Braun & Schneider, München.

Weitere Informationen über den Allitera Verlag und sein Programm unter:
www.allitera.de

Bibliographische Information der Deutschen Bibliothek

Die Deutsche Bibliothek verzeichnet diese Publikation
in der Deutschen Nationalbibliographie;
detaillierte bibliographische Daten sind im Internet
über <http://dnb.d-nb.de> abrufbar.

Juni 2008
Allitera Verlag
Ein Verlag der Buch&media GmbH, München
© 2008 für diese Ausgabe: Landeshauptstadt München / Kulturreferat
Münchner Stadtbibliothek
Monacensia – Literaturarchiv und Bibliothek
Leitung: Dr. Elisabeth Tworek
und Buch&media GmbH, München
Umschlaggestaltung: Kay Fretwurst, Freienbrink
Herstellung: Books on Demand GmbH, Norderstedt
Printed in Germany · ISBN 978-3-86520-303-8

Inhalt

Goldne Jugend, bist noch nicht gestorben,
Du lebst in der Erinnerung.
Und kommst du, klopfst an meine Tür,
Öffn' ich mein Herz dir für und für
Und werde – werde wieder jung.

Marcel der Maler in Puccinis »Boheme«

Vorwort

In dem Atelier einer Schwabinger Malerin, Marion H., sah ich kürzlich ein Bild, das mich auf eigene Weise ansprach, obwohl der Gegenstand keineswegs auffallend war. Ein brüchiges Häuschen, fast nur noch Mauerwerk, an einer abschüssigen Straße, dahinter das fern verdämmernde Paris. Und doch, so viele Bilder sonst an den Wänden hingen, dieses hielt mich fest. »Sie sehen das an«, sagte die Malerin. »Mit dem Bilde hat es wirklich eine eigene Bewandtnis. Sie werden kaum erraten, was es darstellt. Ich selber wußte es nicht, als es schon beinahe fertig war. Da kam ein alter Mann die Straße herunter, blieb hinter mir stehen und fragte: ›Was interessiert Sie dieses Gemäuer da?‹ ›Ich finde es bemerkenswert. Es ist ungemein malerisch.‹ ›Wissen Sie auch, was Sie da malen? Es ist das Haus der Mimi. Ja, der Mimi aus Murgers Boheme. Es wird in den nächsten Tagen abgerissen.‹« Ich sah durch das Fenster über die Dächer von München hin und dachte an Montmartre und die Dächer von Paris. Das Haus der Mimi, das heute nicht mehr steht, verbleibt im Bilde in einem Schwabinger Atelier. Es war, als ob ein weitgespannter Regenbogen hüben und drüben aufsetzte.

Zu derselben Zeit, fast auf den Tag, hatte ich die Freude, von René Prévot die Blätter überhändigt zu bekommen, aus denen dieses Buch entstand. Er, der in München so gut zu Hause ist wie in Paris, der »vieler Menschen Städte und Länder gesehen« und sie mit München verknüpft hat, der Wanderer unter dem Regenbogen, schenkt uns hier das Buch der Schwabinger Boheme. Wer es liest, wird Wolfgang Drews zustimmen, der Prévot den »wirklich vertrauenswürdigen Zeugen der versunkenen Jahrzehnte« genannt hat; nur wahre Augenzeugenschaft kann so leicht, so bunt und so anschaulich erzählen.

Der Leser wird aber auch – und je jünger er ist, um so verwunderter – die Frage stellen, woher eigentlich den Menschen, die er hier kennenlernt, die Leichtigkeit kam, die Sorglosigkeit, das Lachen. Die Antwort wird meistens lauten: »Aus des Lebens Überfluß. Geld und Güter gab es die Menge. Man lebte billig. Das Lachen war noch kein Luxus.« Das ist richtig – und falsch. Wer Prévot liest, wird bald auf andere Einsichten kommen.

Das Lachen der Boheme ist Opposition. Sie lacht gegen ein Lachen. Gegen das zweifelhafte, an Besitz und Sicherheit gebundene Lachen der Majorität. Der Bohemien stellt sich dem Goliath-Dasein fröhlich mit der Kinderschleuder in den Weg. Er ist der Mensch, der lacht, wenn er den Riesen vor die Stirn trifft, der aber, wenn er vorbeitrifft und erliegt, doch immer noch lächelt. Er bewahrt sich die Unabhängigkeit. Er lehrt die kühne Unbefangenheit in einem Dasein, das leichthin und gefährdet auf die Welle gestellt ist; man lese Murgers Vorwort zur »Boheme«. Er mißt Erfolg und Mißerfolg, Gewinn und Verlust, Reichtum und Besitzlosigkeit mit anderen Maßstäben als jene. Sein Lachen ist nicht eins der Laut-, sondern der Herzensstärke. Gerade im Mangel und in der Unsicherheit erhebt sich sein Übermut. Er hält es mit dem Rezept des wackeren Meisters Breugnon: »Wenn man erst beginnt zu klagen: ›Hätt ich doch!‹ und ›Könnt ich haben!‹ Ei, da läßt man sich am besten gleich begraben!«

Wie ihm das im einzelnen gelingt, wird hier erzählt. Und das ist nebstbei, neben aller Leseherrlichkeit, auch ein Gewinn. Kein geringer Gewinn in einer Zeit, wo die Ereignisse den Lebenszustand der Boheme weit über das »Künstlervölkchen« hinaus verbreitet haben. So erklinge denn das Lachen der Boheme aus diesen Seiten. René Prévot hat das Wort.

München, August 1954   Der Herausgeber*

---

* Das Buch erschien in der Reihe »Der heitere Bücherschrank. Eine Sammlung vergnüglicher Romane und Erzählungen von zeitgenössischen Autoren zur guten Laune ihrer Leser«. Herausgegeben von Hans Arthur Thies.

Verliebter Anlauf

Erste Frühlingsbegegnung

Ein Frühlingstag. Einer jener lichten, leichten Frühlingstage über den hohen Ebenen des Alpenvorlandes, wo in der Luft Sektperlen zu steigen scheinen – Sektperlen auch im Blut. Ein lichtzitterndes Gespinst schwebt über der Stadt, ein Schwall von Südhauch stößt drängend und treibend durch die Straßen.

Aber ist es nicht erst April? Wie kann dies sein, daß der Himmel von überirdischer Bläue glänzt, daß das Holz der Pappeln von Wärme duftet, daß steile Wolkensegel wie die Fata Morgana einer fernen Sommerregatta durch den Himmel ziehen? – Das ist der Föhn. Er wirft hier den Frühling lange vor dem Kalenderdatum über die Berge, freilich wohl, um ihn unvermutet wieder zurückzunehmen und den warmen Asphalt mit Schnee und Hagelgraupeln zu überschütten. Heute aber ist er da, der erste Frühlingstag, mit seinem Geleucht und mit seinem mittelmeerischen Überschwang.

An solch einem Tag ging ich in München, kurz zuvor von Straßburg hergekommen, die Leopoldstraße entlang. Was hatte ich vor? Zu studieren, – nun ja. Vielleicht zu schreiben. Vielleicht sogar mir einen Namen zu machen, – hatte mich doch der Herold der damaligen »Moderne« ermuntert, nach München zu kommen, Michael Georg Conrad, der Mann der »Deutschen Weckrufe« und Dichter des Romans »Was die Isar rauscht«. Dergleichen mochte mir vorschweben.

In diese Luftgespinste fielen plötzlich holde Töne. Aus einem offenen Fenster klang Klavierspiel. Von geübter Hand hörte ich Tschaikowskys »Neapolitanisches Tanzliedchen« spielen. Ich blieb stehen, sah und lauschte hinauf. Da hörte die Melodie mittendrin auf. An dem Fenster im zweiten Stock erschien die Gestalt eines jungen Mädchens in hellblauer Bluse, das hübsche Kind winkte mit einem Taschentüchlein herunter und ich – waren es die Sektperlen, die mir in den Kopf stiegen? – riß den Hut in die Luft und grüßte hinauf.

Paris – mon Dieu, wo war Paris in diesem Augenblick! Eine ganz andere Luft hier! Was für andere Menschen! Meine Jugend fühlte sich von dem Tanzliedchen so angerührt, als ob ein Klingen von Champagnergläsern die Luft erfüllte – als ob der winzige Wink eine glatte Wasserfläche in stürmische Wellen versetzte. Ich ging zu dem kleinen Gittertor des

Vorgärtchens, drückte die Klinke nieder, schritt den Gartenweg entlang und war entschlossen, in den zweiten Stock des Hauses hinaufzugehen – als mir das hübsche Kind bereits entgegenkam. Sie kam, ich grüßte begeistert, sie lächelte, nickte kurz und ging an mir vorbei.

Kein Zweifel, der Wink des Taschentuches hatte nicht mir gegolten. Aber sie hätte nicht nicken dürfen, nein, in dieser sektperlenden Luft nicht lächeln und nicken dürfen, wenn sie gewollt hätte, daß ich die Sache aufgab. In dem Beet mir zu Füßen sah ich Krokus blühen, gelbe und blaue Blüten, und wahrhaftig, sie kamen für sie – und für mich! Ich pflückte einen kleinen Strauß davon zusammen und eilte hingerissen hinter meinem Frühlingswunder her.

Jetzt erst fing die Begebenheit an, erregend zu werden. Die Schöne wollte nach der gegenüberliegenden Seite der Straße hinübergehen. Ich sah durch die Pappeln der Leopoldstraße hinter ihr her. Da kam von drüben, also aus der zweiten Pappelkulisse, eine junge Frau mit einem Kinderwagen dahergehüpft. Wahrhaftig, sie ging nicht, sie hüpfte, sie sprang. Der Kinderwagen war, wie soll ich's sagen? war wie sie selber über und über in weiße Spitzen gekleidet. Doch in demselben Augenblick, als die fröhliche Dame den Fahrdamm betrat, kam ein Zweispänner scharf angerollt, sie wollte ausweichen, machte einen Sprung nach vorn und wäre beinahe unter die Pferde geraten. Beinahe. Aber sie kam noch vorbei. Meine Schöne eilte hin, umarmte sie mit einem kleinen Schrei, und nun standen beide Damen wie eine Doppelbildsäule mitten auf der Leopoldstraße.

Das war mein Moment. Wer hätte ihn ungenützt verstreichen lassen? Ich ging hinüber, bot der Älteren – nicht der Jüngeren! so klug war ich schon – meinen Arm und geleitete die beiden samt Kinderwagen zum sicheren Gehsteig, damals noch Trottoir genannt. Immer noch sprach man kein Wort. Ich hob mein Sträußchen der Jüngeren entgegen, die jedoch nicht gewillt zu sein schien, es anzunehmen. Sie warf zögernd einen Blick auf ihre ältere Freundin. Diese lächelte. »Nun«, sagte sie, und ihre Worte sind mir deutlich im Ohr geblieben. »Die Kroküsse könntest du doch ungeniert annehmen.« Wobei mir schien, daß sie zwischen Kro- und Küsse eine kleine Pause machte, – später sollte ich erfahren, daß ich mich nicht geirrt hatte.

Mit einem engelhaften Lächeln nahm nun meine Angeschwärmte die Blumen entgegen und sagte: »Vielen Dank …« Dann gingen die beiden miteinander weiter, und ich sah hinter ihnen her.

Ich wußte nicht, daß ich auf diese Weise die erste Bekanntschaft der berühmtesten Dame von Schwabing gemacht hatte.

Le Diable au Corps

B ei einem Besuch, den ich Michael Georg Conrad, dem »Zola Münchens« machte, lernte ich im schönbärtigen Eiferer, wie ihn Paul Wiegler treffend genannt hat, den Feuerkopf kennen, den ich erwartet hatte; er war es ja, der aus München, bis dahin eine »Stadt der alten Herren«, einen Standort von »Stürmern und Drängern« machte. Natürlich kamen wir auch auf Paris zu sprechen, und ich erzählte ihm dies und das von meinen dortigen Erlebnissen. Das einzige, was ich verschwieg, war gerade das, was mir zu dieser Zeit am meisten zu schaffen machte. Radiguet hat ja inzwischen »Diable au Corps« salonfähig gemacht, und so brauche ich nicht zu verhehlen, was für einen Streich mir der Teufel in Paris gespielt hatte, einen ganz infamen Streich, der mir noch bis nach München den Kopf verwirrte. Und das geschah so. Schon mit 18 Jahren hatte mich der Ferienwunsch nach einer Paris-Reise gepackt. Meine Mutter hatte dort ihren Onkel Paul, der eine große Epicerie in Vincennes besaß und als Amateur-Schlagersänger ein stolzes Familienstück war. »Zu dem gehst du«, sagte meine arglose Mama. »Er soll dich auch zu unserem Cousin führen, der als berühmter Künstler gilt.«

Und so klingelte der ahnungslose »petit cousin« am Atelier des damals schon berühmten Auguste Rodin. Der bärtige Meister betrachtete mich mit wohlwollendem Zwinkern durch seinen Zwicker, nahm familiär meinen Arm und ließ mich kurzerhand und völlig unvorbereitet eintreten. Das Herz schlug mir bis zum Hals. Da spazierte ja in paradiesischer Reinheit eine Auswahl der schönsten Modelle von Paris, die der Meister der dynamischen Plastik und der bewegten Form im Stolz der schreitenden Gebärde zu skizzieren liebte. Wortlos befangen stand der Knabe vom Land in diesem arkadischen Traum, vor diesem ersten entscheidenden Erlebnis, das unauslöschlich fortleben sollte. O heilige, hölderlinsche Natur!

Ich habe Rodin in späteren Jahren noch einmal besucht, in der unheimlichen Schöpfungsatmosphäre des großen Ateliers von Meudon, und einmal in jenem anderen kleineren Arbeitsatelier, wo in völliger Abgeschiedenheit des Meisters reifste Werke entstanden. Da begegnete ich auch einem schmächtigen, schweigsamen Träumer, der sich damals noch René nannte und bald Rainer Maria Rilke werden sollte. Er trug schon das Erlebnis jener Frau in sich, die auch für mich Schwabings erster Eindruck geworden ist: Gräfin Fanny Reventlow.

Das Nymphenbild aus Rodins Atelier verfolgte mich fortan unablässig. Es hing überall in der Luft und begleitete mich an den vertracktesten Stellen. Es war gewiß auch dabei gewesen, als ich in der Leopoldstraße das »Neapolitanische Tanzliedchen« hörte. Daß es nun auch bei meiner Zimmersuche in der kleinen Studentenbude aufleuchtete, die ich, Schwabing ganz nahe, in der Adalbertstraße besichtigte, – aufleuchtete wie Sonne durch Wolkenschleier, das allerdings war nicht ohne Ursache.

Das Gewitterkästchen

D enn das Mädchen, das mir das Zimmer zeigte und sich gleich mit nettem Augenaufschlag als »Cenzi« vorstellte – es hätte nur noch die kleine Boheme-Melodie »Man nennt mich Mimi« dazugehört – war hübsch, anmutig, war bezaubernd. Sie stammte aus Niederbayern, ein stämmiges, schwarzhaariges und dunkeläugiges Kind der Holletau. Cenzi war das Beste an der Bude und Grund genug, sie – die Bude – zu mieten. Um auch diese ein wenig zu charakterisieren: Ihre Reize waren weniger überzeugend als die Cenzis. Das Bett war klapprig wie ein Kamel nach tausend Nächten Wüstenritt, der Tisch hatte nur drei Beine, von den Wänden hingen die Tapeten in Triangeln herunter, und der Waschtisch schien sein kleines Becken in einem Dauer-Jongleurakt aufrecht zu halten.

Nur zwei Dinge hatten Sinn und Verstand. Das eine war ein Regenröhrchen, das nach Münchner Wohnpraxis unter der Fensterbank aus einem Blechkästchen ins Zimmer ragte. Wenn ein Gewitterregen gegen das Fenster schlug, füllte das durch die Undichtigkeiten des Fensters eindringende Wasser den Blechkasten im Nu, und zum Zeichen dessen, daß es höchste Zeit war, fing er an, sich durch ein Röhrchen ins Zimmer zu entleeren. Bei Regengüssen war also für Cenzi aller Anlaß gegeben, mit Eimer und Putzlumpen – in Norddeutschland Scheuertuch genannt – herbeizueilen.

Das andere war die Kunst. Auch sie war in Ordnung. Vor mir hatte nämlich Adolf Bayersdorfer, der berühmte Kunstexperte und spätere »Kgl. Bayrische Konservator an der Kgl. Bayrischen Pinakothek« (wie Stiglmaier ihn nannte), in dem Zimmer gewohnt, und als seine Hinterlassenschaft hingen noch einige schöne Karl Haider- und Hans Thoma-Landschaften dort und ein Porträt Bayersdorfers von Böcklin.

Friedsam dazwischen, weder mich noch die Meister der Malerei störend, hing ein Stück Kitschmuseum, das Doppelbildnis irgendeines längst entschwundenen Ehepaares.

Die beiden positiven Teile meiner Bude, das Regenröhrchen und die Kunst, sollten in meinem Leben Geschichte machen.

Eines Tages bei einem furchtbaren Gewitter, das meinen Arbeitstisch in seinen restlich verbliebenen Grundfesten erzittern ließ, hörte ich Lärm und Gekreisch auf dem Hausflur. Die Wirtin, die sich mangels Gehör und ausreichender Brille nur selten um die Vorgänge in ihrem Hause kümmerte, hatte Cenzi auf den Beginn der Springfontänen-Vorstellung aufmerksam gemacht. Bald danach kam das brave Kind mit seinem Gewitter-Rüstzeug hereingestürzt und begann aufzuwischen. Ich muß erwähnen, daß schon seit einigen Tagen zwischen uns bei jeder Begegnung ein zartes Wetterleuchten aufgezuckt war, und so wird man es begreiflich finden, daß ich aufstand und ihr bei ihrem Schaffen mit regem Interesse zuschaute. Nun begab es sich, daß in dem Nu, als sie den Kasten ergriff, um ihn auszuleeren, ein Blitz niederzischte und sie mir vor Schreck in die Arme fiel. Es wurde ein seltenes Naturereignis. Das Wetterleuchten der letzten Wochen rückte aus dem fernen Horizont mit wahrer Donnersturmgeschwindigkeit herbei und entfaltete sich zu einem Gewitter von unwahrscheinlicher Pracht. Als draußen der Regen sich beschwichtigte, die Ruhe nach dem Sturm eintrat und die Sonne zu lächeln begann, lächelten auch wir: Es war ein Gewitter besonderer Art geworden, ein Doppelgewitter.

Von da an wurde uns das Kästchen zum geheimsten »Postillon d'amour«, den es wohl je gegeben. Die Vorliebe für große Gewitter hat mich seitdem zeitlebens begleitet; ich habe das Kasterl bei meinem Auszug aus der Adalbertstraße sogar heimlich mitgenommen und bis zum Zweiten Weltkrieg als schönes Andenken aufbewahrt. Dann hat auch dieses mit anderem die Bombe getroffen.

Als ich auszog, war Cenzi schon nicht mehr meine Gewitterpartnerin. Die Wirtin mußte sich wohl inzwischen eine ausreichende Brille gekauft haben, oder wir mußten etwas zu laut gewesen sein, jedenfalls hatte sie trotz jenes heftigen Außen- das Innengewitter wahrgenommen, und Cenzi war zu ihren Eltern in die Holletau heimgeschickt worden. An den Restbeständen der Bude hatte ich kein übermäßiges Interesse mehr.

Aber zuletzt sollte dort noch ein Ereignis passieren, das mir noch heute wie ein Rätsel des Zufalls erscheint. Der andere normale Teil der Zimmerausstattung, die Kunst, war in Funktion getreten. Eines Tages klopfte die Nachfolgerin Cenzis, ein von der Wirtin klug ausgewähltes Mädchen, das aus der Gewitterzone längst heraus war, bei mir an und ließ mich mit hochgezogenen Brauen und niedergezogenen Mundwinkeln wissen, daß eine Dame ein Bild in meinem Zimmer zu besichtigen wünsche. Ich ließ bitten und – herein kam die Schöne des Neapolitanischen Tanzliedchens.

Wir standen versteinert voreinander wie Stalagmiten. Wir waren (wie hieß das Modewort damals?) »perplex«. Um mich als den männlichen, das heißt pfiffigeren Stalagmiten zu bekunden, trällerte ich den Anfang des

Tschaikowskyliedchens und stellte mich vor.»Prévot, René« ... Sie flüsterte einen Namen und stalagmitete geradeaus an mir vorbei.»Sie sind der Nachfolger von Herrn Doktor Bayersdorfer in diesem – hm – Zimmer, ja?« –»So ist's, so habe ich gehört.« –»Ich komme auf Veranlassung von Herrn Doktor Bayersdorfer hierher, um die beiden Haider-Bilder zu besichtigen. Mein Vater ist ein leidenschaftlicher Verehrer Haiders und möchte die Bilder, wenn sie mir gefallen, von Herrn Doktor Bayersdorfer erwerben. Sie scheinen ja besonders schön zu sein.« Sie trat näher zu den Bildern hin.»Aber ich werde sie doch lieber nach Stettin schicken«, fuhr sie in einer Art Selbstgespräch fort,»Papa kann dann selbst entscheiden ...« Aha, also ein Stettiner Stalagmit; ich hätte dem Papa, nach seiner Tochter zu urteilen, keinerlei Leidenschaft zugetraut.»Darf ich Ihnen den Auftrag von Herrn Doktor Bayersdorfer zeigen ...« Sie kramte in ihrem Handtäschchen.»Ja, was ist das? Jetzt habe ich das Schreiben vergessen ...«

Während sie nervös in der Tasche wühlte, zog ich aus dem verworrenen Fundus meiner Gedanken einen gloriosen Einfall hervor, den besten, den ich auf Jahre hinaus hatte.

»Das wird mit den Bildern nicht ganz einfach sein; vor vierzehn Tagen ist ein mir befreundeter Großindustrieller aus dem Elsaß hier gewesen und hat mich beauftragt, die Bilder für ihn zu erwerben«, log ich frisch drauflos.»Ich freue mich, jetzt authentisch von Ihnen gehört zu haben, daß Herr Doktor Bayersdorfer der Besitzer ist.« Sie erblaßte.»Nein, nein! Papa will unbedingt die Bilder haben!« stampfte sie auf. (Sieh an, sie konnte doch recht leidenschaftlich werden; ich hatte dem Papa unrecht getan.)»Und ich habe bereits Handgeld darauf genommen«, log ich weiter.»Am besten, ich gehe jetzt gleich zu Herrn Doktor Bayersdorfer, um den Handel perfekt zu machen.« Das alles war ziemlich plump gelogen, aber es traf ins Schwärzeste meiner schwarzen Absichten.»Ich muß die Bilder für Papa haben!« rief sie erregt,»wir gehen auf der Stelle zusammen zu Herrn Bayersdorfer – er ist der Freund unserer Familie – und er soll entscheiden!«

Genau das, was ich wollte. Wir – wir! hatte sie gesagt – werden gehen ...»Gut, gehen wir!«

Wir gingen. Und das wurde mein Weg in das Kronland Schwabings.

Annagret erzählt

Auf unserem Wege erzählte mir Annagret (ich will sie hier aus nahe-
liegenden Gründen nur so nennen) von vielen Menschen, die sie in
München kannte, erzählte reihenweise – es waren ihrer mehr als Häuser,
an denen wir vorübergingen. Offenbar wollte sie mich mit dem Gewicht
ihrer kleinen Persönlichkeit erdrücken. Da tauchten zum erstenmal ferne
Schemen in Form von Namen auf, von denen späterhin nicht wenige mir
nahetreten sollten. Sie erzählte vom Münchner Kunstkönig Lenbach, von
Thöny, von dem eleganten Malerbaron von Reznicek ...

Sie sprach von einem Baron von Rummel, der als Leutnant aus dem
Leibregiment ausgetreten und unmittelbar als jugendlicher Liebhaber
in das Schauspielensemble des Hoftheaters eingetreten war, sprach von
Gustl Weigert, Bruno Frank, Franz Marc ...

Ich erinnere mich, daß sie mit einem Seitenblick auf mich einen gewissen René Rilke erwähnte, was mir nur deshalb Eindruck machte, weil ich
den Vornamen auf mich hingespielt empfand; Rilke selber kannte man
damals noch kaum. Ich wußte von seinem Gedichtband »Mir zur Feier«,
einem Titel, der allerdings recht nach dem Gusto von uns Jungen war, und
zitierte daraus anzüglich flattierend die »Mädchenlieder« und »Die Sehnsucht, die ihren tiefen Sinn« habe. Leider aber war sie schon zu einem anderen Herrn übergegangen, zu einem Musiker namens Furtwängler, der
irgendwo in Schwabing in nächster Nähe von Helene Böhlau wohnte und
dort Atelierkonzerte von unerhörtem Nachhall geben mußte. Ihre Schil-
derungen sind mir dadurch unvergeßlich geblieben, daß ich zum erstenmal über bloßen Worten Eifersucht spürte, tiefe, bohrende Eifersucht. Ich
hatte bis dahin kaum darüber nachgedacht, ob ein Mann im Spiegel einer
Mädchenseele wie ein goldenes Götterbild leuchten könne; die Beziehungen zu Cenzi waren einfacherer Natur, waren einfach Natur gewesen, –
jetzt erst erfuhr ich ein quälend Neues. Ich hätte an die Stelle jenes anderen treten, mich statt seiner in den Spiegel drängen mögen – aber wie
das? – wie sind die Taktiken solchen Bilderwechsels? Meine Jugend wußte
darauf keine Antwort.

Was mir an Annagret besonders auffiel – und gefiel –, war ihr Sinn für
Komik und Humor. Ich hatte mir die Norddeutschen, und gar eine Stetti-
nerin, ganz anders vorgestellt. Sie lebte geradezu auf, wenn sie Anekdoten

erzählen konnte, für die sie, wie ich selber, eine große Schwäche und ein unermeßliches Gedächtnis hatte. Ich höre noch ihr Lachen, wenn sie von dem Druckfehler der Münchner Neuesten Nachrichten erzählte, wo sich bei einem Bericht über die umstrittene »amphitheatralische Bauweise« des Prinzregententheaters recht witzig die Wendung »antitheatralische Bauweise« eingeschlichen hatte, oder wenn sie sich bei dem Münchner Wortspiel vom Raubmörder Kneißl, der krankheitshalber vor seiner Exekution in einer Klinik behandelt werden mußte, norddeutsch radebrechend im oberbayerischen Dialekt versuchte: »Z'erscht ham's eahm her'gricht und hernach hing'richt« … Ich stimmte natürlich herzhaft in ihre Heiterkeit ein. Vielleicht witterte sie darin eine Gefahr; jedenfalls wurde sie plötzlich tiefernst, ein Stimmungswechsel, den ich später öfter an ihr wahrnahm, und gestand fast traurig, daß sie überhaupt im Leben alles so furchtbar ernst nähme. »Fanny ist da ganz anders«, meinte sie. »Sie sagt auch immer zu mir, daß ich viel leichter sein müßte. Aber ich kann nicht …« Sie hatte diese Fanny schon einmal erwähnt, im Zusammenhang mit einem gewissen Ludwig Klages. (Warum sage ich nur immer wieder »einem gewissen …«? Weil sonst auf keine Weise anzudeuten ist, wie namenlos damals diese Namen noch waren. Wie es denn überhaupt bei längerem Leben merkwürdig schwer ist, Namen, deren Träger inzwischen himmelhoch aufgewachsen sind, in die damalige Perspektive zurückzudenken.) Ich fühlte mich also bewogen zu fragen, wer diese Fanny eigentlich sei. »Nun, meine Freundin, die Sie neulich auf der Leopoldstraße kennengelernt haben«, antwortete sie, »die Baronin Franziska von Reventlow.« Ich kann nicht sagen, daß ich klüger war als zuvor. Aber ich sollte bald klüger werden.

Die Sache mit dem Bilderkauf wickelte sich natürlich rasch ab; denn es fiel mir nicht schwer, meinen »Elsässer Freund und Großindustriellen« zu der Courtoisie zu veranlassen, daß er sein Handgeld zurücknahm.

Später habe ich eine Äußerung von Bayersdorfer gehört, die ihn mir noch einmal ganz nahebrachte. Er hatte von den Liebespaaren gesprochen, die im Dämmer der Hofgarten-Arkaden unter den Fresken Rottmanns aufeinander warteten, und gesagt, man könne nicht ermessen, wieviel Kunstgefühl auf diese Weise in die Volksseele niederriesele … Ich dachte an die Bilder meiner alten Bude, unter denen ich Annagret kennengelernt hatte. Doch da war ein ganz anderes Gefühl auf mich niedergerieselt … Besser, es wäre nur Kunstgefühl gewesen.

So sind junge Männer

Denn meine Leidenschaft für Annagret wurde anscheinend wie ihr Raubmörder Kneißl nur herg'richt, um hing'richt zu werden. Sie ging viel mit mir spazieren, schlug kaum eine Einladung zum Ausflug aus, in heiteren und ernsten Gesprächen kamen wir uns nahe – aber leider nur in diesen. Ich überlegte. ... Schließlich sagte ich mir, daß es nur zwei Wege gäbe, um meinen Seelenfrieden wiederzufinden: entweder in die Leidenschaft hinein oder aus ihr heraus. Ich zog ersteres vor, – mit einem Überraschungsangriff, der mir auf dem Felde des Mars einen Orden eingetragen haben würde. Der Erfolg war verblüffend. »Mein Freund«, sagte Annagret, »so geht das nicht weiter. Ich muß etwas für dich tun.« Dann verabschiedete sie sich. Man kann mir glauben, daß ich daraufhin Tage eines Nachdenkens verbrachte, dessen Tiefe ich in keinem Kolleg über transzendente Philosophie und Metaphysik erreichte.

Ich wunderte mich, daß Annagret zum nächsten Samstagsnachmittag-Rendezvous trotzdem erschien. Wir wollten zum Chinesischen Turm gehen. Unterwegs aber, bei der Langzeile der Bänke kurz vor dem Monopteros, traf sie ihre Freundin Fanny. Sie machte mich mit ihr bekannt, und gleich erhob sich helles Gelächter. »Ich weiß schon«, sagte die Gräfin, »das ist Kroküßchen.« Ich hatte also bei den beiden bereits meinen Spitznamen. Wir befanden uns bald in heiterstem Geplauder. Annagret wippte das Kinderwägelchen auf und ab und beteiligte sich zunächst recht lebhaft an der Unterhaltung, dann aber wurde sie immer schweigsamer. Plötzlich stand sie auf, gab mir kühl die Hand oder vielmehr die Fingerspitzen. »Adieu allerseits«, sagte sie, »ich glaube, ich bin hier sehr überflüssig.« Schon ging sie eilenden Schrittes davon. Ich wollte ihr nach; aber die Gräfin hielt mich zurück. »Lassen Sie nur, das hätte jetzt gar keinen Sinn«, sagte sie, »unsere gute Annagret ist nun mal so ...«

Es war mir doch recht tröstlich, in die Beratung einer klugen Frau aufgenommen zu sein, – und es war so schön, ihr zuzuhören, so besänftigend, ihr innerliches Mitgefühl zu genießen. Ich war glücklich und stolz, als sie mich zu einem Tee einlud. Aber es hat noch sehr lange gedauert, bis ich darauf kam, daß die ganze Geschichte nicht auf der Bank im Englischen Garten anfing, sondern bereits bei Annagrets Worten: »Ich muß etwas für dich tun!« – So sind junge Männer.

Die tolle Gräfin

Was soll ich von ihr erzählen? Was von all den Geschichten und Legenden, die sie schon bei Lebzeiten umrankten und die nach ihrem Tode sozusagen als undurchdringliche Rosenhecke weiterwuchsen? Viele haben gesagt, sie sei schön gewesen. Ich selber habe das nie empfunden, sie war wohl, wie man heute sagt, nicht mein Typ. Aber es ging eine unentrinnbare Faszination von ihr aus, nicht nur die des weiblichen Fluidums, vielmehr die einer Kraft, die man in jedem Augenblick verspürte. Man traute ihr zu, daß sie sich ihr Nora-Schicksal wissentlich und willentlich selbst erschaffen hatte.

Sie stammte aus Husum, der »grauen Stadt am Meer«, die uns von Storm her vertraut ist; ihr Vater, Landrat von Husum, war mit dem Dichter befreundet gewesen. Dort lag das Schloß ihrer Ahnen, in dem sie geboren und aus dem sie geflohen war. Schon als Schulmädel muß sie in Extravaganzen geglänzt haben, einmal soll sie zum Gaudium ihrer Mitschülerinnen mit einem schwarzen und einem gelben Schuh in die Schule gekommen sein. Nach durchrevoluzzerten Jungmädchenjahren lernte sie einen Gerichtsassessor, also einen Herrn ihrer Kreise, kennen und verlobte sich mit ihm; aber er beging den Fehler, sie zum Malstudium nach München gehen zu lassen. München – das hieß für sie Schwabing. Und Schwabing wurde ihr Schicksal. Sie ließ sich dann zwar heiraten und spielte eine Zeitlang in Hamburg Dame der Gesellschaft – aber eines Tages wurde es ihr zu viel. Sie riß aus. Wohin? Natürlich nach Schwabing. Sie hat oft erzählt, daß es ihr Geburtstag war, an dem sie in München ankam, und sie empfand das so, als ob sie in Schwabing erst wirklich zur Welt gekommen sei. Es gibt ein Tagebuchblatt von ihr, wo sie von der Freude schreibt, von dem Stolz, »so Vabanque zu spielen, so ganz allein und so ganz stark. Die Kraft, die niemand ahnte, schwoll in mir empor. ›Fort comme la mort‹ …«. Es war für sie »die Stunde der Verachtung, in der alles brach, nur die Kraft nicht«.

Der Mann, den sie geliebt und von dem sie ein Kind hatte, war ebenso für sie »vorbei« wie ihr ganzes bisheriges Leben. Um ihre Flucht zu begreifen, muß man wissen, was für Männer ihr nahe traten und mit was für Gefühlen sie diese zu erfüllen vermochte. Es gab eine Zeit, wo sie jeden Morgen in ihrem Briefkasten einen Gruß Rilkes vorfand. Er hat sie ja »die Madonna mit dem Kinde« genannt. Noch in einem späteren sorgenvollen Brief nach seiner Verheiratung und bei der Erwartung seines erstes Kindes klingen die Gefühle der Schwabinger Tage durch: »Als Rolf kam, war es doch auch so: daß die ganze Welt still stand, den Atem anhielt, horchte ...«

Ein brodelnder, unruhvoller, dunkel suchender Intellektualismus einerseits – und eine verschwärmte Romantik, eine freiheitsdurstige Lebensgier, ein übermütiger Sinnentaumel andererseits, das waren die Pole Schwabings. Daraus sind auch seine zwei »mythologischen« Namen hervorgegangen. Die Gräfin hat es nach dem Dorfe Feldmoching, das so viel wie ein oberbayerisches Buxtehude ist, »Wahnmoching« genannt und im übrigen alle Definitionen, die sich an Schwabing versuchten, durch die klassisch gewordene übertroffen: »Schwabing ist kein Ort, sondern ein Zustand.« Und Roda Roda hat, vom andern Pol her visierend, sein »Schwabylon« gefunden.

Bezeichnend für Fannys Wahnmoching war, daß sie, sobald sich nur Gelegenheit dazu fand, unermüdlich Träume erzählen konnte. Ihr da zuzuhören, war für mich keine leichte Aufgabe, weil ich über Traumerzählungen einschlafe. Aber einer ihrer Träume ist mir unvergeßlich geblieben, der von Napoleons Goldschatz. Traum-Napoleon hatte ihr eine Grube verraten, in der er seinen Goldschatz vergraben hatte, und sie sollte aufpassen, daß er nicht von den Griechen geraubt wurde. Um das Versteck zu tarnen, hatte Napoleon eine Unmenge Handschuhe darübergelegt, und von diesen nahm sie heimlich einen an sich. »Der ist von Napoleon, das ist ein kostbares Andenken für mich ...!« Leider war der Handschuh beim Erwachen nicht mehr da. Was für Geld hätte man damit machen können!

Jedenfalls mehr, als sie durch ihre Mitarbeit beim »Simplicissimus« verdiente, mit ihren kleinen Geschichten, mit Übersetzungen und schließlich mit ihren Romanen, von denen »Herrn Dames Aufzeichnungen« wohl das typischste Schwabingbuch jener Zeit ist.

Aber irgendwie mußte man doch leben? Woher kamen die Einnahmen, um die leider unvermeidlichen Ausgaben zu decken? Als ich eines Tages Fanny ziemlich abgerissen mit einer Petroleumkanne und einem Stück Leoni-Wurst in der Hand traf (später stellte sie sich dann auf »Elegant« um), stellte ich ihr ganz schlicht und einfach diese Frage. Sie gab ebenso schlicht und einfach die Boheme-Antwort Rodolfos »E come vivo? – Vivo!« ...

Eine harmlose Bemerkung Klein-Rölfchens aus der Zeit, wo seine kindlich naiven Bonmots – in den Fliegenden Blättern wurde so was unter der

Spitzmarke »Enfant terrible« gebracht – in ganz Schwabing kolportiert wurden, gibt über die wahren Hintergründe hinreichend Aufschluß. Er saß mit seiner Mutter in der Schwabinger Brauerei und spielte ein wenig kompliziert mit Bierfilzen. »Was machst du denn da?« fragte ein Münchner, der mit am Tische saß. »Ich baue ein Leihhaus.«

Die vielverschlungenen Lebenswege Fannys mochten hingehen, wohin sie wollten, am einen Ende stand immer das Leihhaus, am andern wartete der Gerichtsvollzieher. »Grüß Gott, Frau Gräfin, wo ist der Teppich?« Diese Frage des Kuckucks war im Kreise ihrer engsten Vertrauten zum geflügelten Witz geworden. Einmal hatte sie den Guten schwer beleidigt: Sie hatte ihm einen Soxhlet-Apparat angeboten. »Beinahe wäre er nicht wiedergekommen, aber leider hat es nicht durchhaltend gewirkt.«

Geld, wenn's da war, wurde hinausgeschmissen. »Leider rächt es sich für die schlechte Behandlung«, lachte Fanny, »indem es hinterher zu lange ausbleibt.«

Damals konnte man mit Schreiben ganz gut verdienen, wenn man Talent, Ausdauer und Glück hatte. Wobei allerdings das Glück dem Pegasus der Boheme recht wechselvolle Zeiten bereitete. Man bekam für einen Witz fünf bis zehn, und manchmal auch zwanzig Mark, und hält man dagegen, daß man eine Schweinshaxe mit Kraut für fünfzig Pfennig, ein Stück Gänsebraten für sechzig Pfennig und ein Beefsteak mit Ei für achtzig Pfennig bekam, so kann man sich eine Vorstellung von dem Lebensstandard machen.

Fanny tat also nicht schlecht daran, die Feder zu zücken. Es heißt, Ludwig Klages, »der einzige Mensch, mit dem ich fliegen kann«, hat Fanny vom ihm gesagt, habe sie von der Malerei weg zur Schriftstellerei geführt. Aber ob sie malte oder schrieb, die lockere Geldhand blieb ihr treu. Wenn sie zweihundert Mark bekam und dem Wirt dreihundert für Miete schuldete, so schenkte sie irgendeinem armen Teufel, von dem sie gerade gehört hatte, zunächst einmal hundert …

So war die Bemerkung Rölfis gar nicht so abwegig, der einmal, als zwei verregnete Hunde vor seiner Mutter und ihm hergingen, meinte: »Die sehen aus wie zwei Schriftsteller!«

Die Art des Einfalls hatte der Kleine sicher von seiner Mutter, Kinder sind ja darin sehr gelehrig. Ich habe nie wieder eine Frau getroffen, der die Einfälle in so reicher Zahl kamen wie ihr. Sie liefen ihr zu. Als sie einmal im Krankenhaus lag und jemand sie besuchte, um ihr beizuspringen, sagte sie: »Er will mir helfen, weil es ihn freut, das Leben zu protegieren« – eine Bemerkung, die sogar irgendwie »das gewisse Etwas« traf.

Der Mann, von dem niemand wußte

D ie Freunde und Bekannten der Reventlow, männliche wie weibliche, waren nicht zu zählen, sie kannte ganz Schwabing. Aber selbst über diese Menge Menschen hinaus strebte ihr Blick zu Unbekannten und war bis zur Selbstvergessenheit fasziniert, wenn sie eine irgendwie auffallende Erscheinung sah. Sie hatte die Antenne für das Interessante.

So erinnere ich mich, wie sie – zuerst bei Papa Benz, dann noch mehrere Male in anderen Schwabinger Cafés – mich auf eine Russin aufmerksam machte, die allgemein und schlechthin nur »die Vera« genannt wurde. Für mich gehört »die Vera« zu jenen merkwürdigen Personen, die man erst kennenlernt, wenn sie nicht mehr da sind. Erst neuerdings, nach fünfzig Jahren, habe ich erfahren, wer eigentlich »die Vera« war, um dann allerdings mit dem Stuhl umzukippen.

Sie fiel durch zwei Dinge auf, durch die man sonst in Schwabing nicht auffallen konnte. Erstens durch ihre Kleidung, die alles, was man an Extravaganz oder Schlamperei, wie man es nennen will, in Schwabing gewohnt war, weit übertraf, und zweitens durch ihr Zigarettenrauchen, das jeden bis dahin gekannten Tagesrekord überringelte. Das Auffallende ihrer Erscheinung wurde ergänzt durch geheimnisvolle Gerüchte: Es hieß, sie habe einmal einen russischen Polizeioffizier erschossen und sei aus dem Zarenreich geflohen. Wenn sie mit ihrem Freunde, der sie fast ständig begleitete, in eins der Cafés kam, gingen Blicke eines fremdartigen Interesses herüber und hinüber. Sie schien an dem Schwabinger Treiben Gefallen zu finden; in ihren beobachtenden Augen stand fast immer ein Lächeln. Trotz allem würde es sich nicht verlohnen, von der seltsamen Frau zu erzählen, wenn sie nicht in einem geschichtlichen Zusammenhang von ungeheuren Ausmaßen gestanden hätte.

»Die Vera« war, das erfuhr ich aus den Erinnerungen der Krupskaja, jene Vera Sassulitsch, die damals zu den engsten Mitarbeitern Lenins gehörte. Denn Lenin wohnte und wirkte ja – in Schwabing.

Sie war Genossin Plechanows in der Gruppe »Befreiung der Arbeit« und Mitarbeiterin der Zeitschrift »Iskra«, die Lenin in Schwabing redigierte, in Leipzig drucken und auf Geheimwegen nach Rußland einschleusen ließ. »Iskra« bedeutet »der Funke«, und der Name ging auf einen Vers Puschkins zurück, der jede Nummer der Zeitschrift als Motto begleitete: »Aus dem Funken wird die Flamme emporschlagen.« Der Freund, mit dem Vera die Schwabinger Cafés durchstreifte, war Blumenfeld, ein gebürtiger Pole und nebstbei Setzer der »Iskra«. Nadeshda Konstantinowna Krupskaja hat das Bild der Vera, die mit einem bulgarischen Paß in München lebte, durch ein paar intime Züge bereichert: In ihrer Wohnung herrschte eine genialische Unordnung, aber ein ebenso striktes Aufräumverbot. Wenn sie auf einem Petroleumkocher ein Stück Fleisch gebraten hatte, pflegte sie es mit der Schere zu zerschneiden...

Doch genug von ihr. Der große Unbekannte, der hinter ihr stand, ist für uns niemals in Erscheinung getreten, obwohl wir sicher hundert- und tausendmal im Umkreis seiner Wohnung umhergegangen sind. Anfänglich hatte W. J. Uljanow, genannt Lenin, unter dem schlichten Namen Maier in einem Hinterhaus der Thalkirchner Straße gewohnt, wo ihn der Gastwirt Rittmaier begönnerte und eine alte Nachbarin ihm das Mittagsessen, meistens eine der ihm unausstehlichen Mehlspeisen, bereitete. Aus der Thalkirchner Straße zog Uljanow, nachdem seine Frau zu ihm gekommen war, nach Schwabing, in die Türkenstraße. Das Haus weiß man nicht genau; auch der Journalist, der alle diese Zusammenhänge erst neuerdings herausgebracht hat, hat es nicht feststellen können, da Uljanow-Lenin-Maier in Schwabing zwar eine eigene Wohnung, diese jedoch unter einem abermals anderen Namen bezog. Der Deckname ist bis heute unbekannt geblieben. Ihr gesamtes Mobiliar hatten die Uljanows, ehe sie umzogen, bis auf wenige Stücke für zwölf Mark verkauft.

In der Türkenstraße hatte Lenin zwei Mitarbeiter der »Münchner Post« zu Verbündeten; doch mißtraute er selbst diesen Freunden noch so weit, daß er sie nie in seine Wohnung kommen ließ, sondern sich mit ihnen in Schwabinger Lokalen traf und besprach. Der eine jener Freunde, Parvus, besorgte das Papier für die »Iskra«, und er war es denn auch, der im schicksalsschwangeren Jahre 1917 durch seine guten Beziehungen zum Auswärtigen Amt der berühmten Ausreise Lenins aus der Schweiz durch Deutschland nach Rußland den Weg ebnete. Ludendorffs macchiavellistisch gewünschte »Infizierung« des Zarenreiches, vielmehr des Kerenskireiches, wurde auf diese Weise Wirklichkeit, freilich mit ungeahntem Endergebnis.

Das sind die neuen Zusammenhänge, die mir heute, wenn ich an »die Vera« denke, hinter ihrem Bilde aufdämmern.

Der Schuß im Koffer

D och zurück zu Fanny Reventlow. Der Kobold Zufall, dem sie bis ans Ende vertraute, hat ihr immer wieder den nahe bevorstehenden Aufstieg vorgezaubert, meistens im tiefsten Tief. Da lag sie dann, nachdem die letzte Sardellenleberwurst, ein überraschendes Geschenk von generöser Hand, oder die letzte Leoni verzehrt war und die rettende Buchweizengrütze schon tagelang aushelfen mußte, meditierend auf »Diwan dem Schrecklichen« und dachte nach, was zu machen sei. Dann ließ sie in Gedanken alle ihre Freunde Revue passieren, wer von ihnen sie »eventuell übernehmen« könnte. Aber an den meisten hatte sie zu viel auszusetzen. Da war Oskar Panizza, der Dichter der »Visionen der Dämmerung«, der auf den Spuren des Gespenster-Hoffmanns und Edgar Allan Poes wandelte, aber er hatte ihr einen zu unheimlichen Blick; oder da war der Freiherr von Schrenck-Notzing, ihr »Schnotzing«, der die Gespenster gleich leibhaftig zitierte und ganz Schwabing mit seinen spiritistischen Séancen in Atem hielt; aber bei ihm hätte sie »Bubi« weggeben, nur noch die feine Dame spielen sollen und im übrigen »mit Herzklopfen auf sein Kommen warten« müssen. Das paßte auch wieder nicht … Aber eines Tages, als wieder mal alles auf Zéro stand, kam Otto Falckenberg zu ihr und fragte, ob sie in seinem Akademisch-Dramatischen Verein mitspielen wollte. Ob sie wollte! Und wirklich muß sie auch auf den Brettern Talent entwickelt haben. Gleich gab es Leute, die sie ausbilden wollten; sie sollte ganz und gar zur Bühne übergehen. (Mit solchen hundertprozentigen Lösungen war man in Schwabing schnell bei der Hand.) Aber das Stück fiel durch und das Traumglück zurück in die Buchweizengrütze.

Ein paarmal versuchte sie, ihr Dasein auf merkantiler Basis aufzubauen. Sie hielt nichts von jenen Intellektuellen, die aus der Not eine Tugend machen wollten. »Was habt ihr davon, wenn ihr nächtelang an eurer kosmischen Nabelschnur kaut?« Allerdings haben ihre Unternehmungen nicht gerade von kaufmännischem Genie gezeugt. Einmal versuchte sie es mit einem Milchladen, aber die Kalkulation zwischen Bedarf und Einkauf muß ihr derart mißglückt sein, daß sie nach kurzer Zeit in Milch nicht nur hätte baden (das wäre ihr nicht schwergefallen), sondern ertrinken können. Ein andermal versuchte sie mit einem Antiquitätenhändler einen

Handel mit bemalten Gläsern aufzuziehen. Sie war überzeugt, daß sie damit ihr Glück machen würde. Der Erfolg? Eines Tages sah man sie auf dem Fahrrad mit einem merkwürdig zirpenden Rucksack nach Starnberg fahren. Am Grunde des Starnberger Sees müssen heute noch irgendwo die Reste von Fannys »Glück und Glas« ruhen.

Blieb immer wieder nur die Schreiberei um schnöden Mammon. Albert Langen, der Verleger des »Simplicissimus«, und Georg Müller haben ihre rechte Last mit ihr gehabt. Was Vorschüsse anbelangt, wurde ihr schriftstellerisches Talent bei weitem von dem draufgängerischen übertroffen. Korfiz Holm, der sie eine Zeitlang zu betreuen hatte, brachte das auf die Formel: »Im Pumpen, Gräfin, sind Sie ein Talent – aber im Schuldigbleiben ein wahres Genie.« Er hat auch die Geschichte von dem schießenden Koffer erzählt, die in Zusammenhang mit einem Vorschuß stand. Also die Gräfin hatte, um einen Roman fertig zu schreiben, wofür sie die Ruhe und Abgeschiedenheit einer Mittelmeerinsel brauchte, einen größeren Vorschuß genommen. Als sie zurückkam, fragte Holm nach dem Manuskript. Ja, erzählte die Gräfin, damit sei Schreckliches passiert. Der Roman sei so gut wie fertig gewesen, aber als in Venedig der Gepäckträger den Koffer mit dem Manuskript vor dem Zollbeamten niedersetzte, ziemlich heftig niedersetzte, sei in dem Koffer ein Schuß losgegangen. Der Abzug des Revolvers, den sie immer mitführte, müsse sich wohl mit irgendeinem sperrigen Gegenstand ineinandergeschoben haben und durch den heftigen Ruck der Schuß ausgelöst worden sein. »Was konnte ich tun? Ich mußte mich so schnell wie möglich verdrücken. Hätte ich mich zu dem Koffer bekannt, so säße ich jetzt hinter Schloß und Riegel – womöglich unter den Bleidächern Venedigs.«

Holm bedauerte, zu wenig Phantasie zu haben, um die Revolvergeschichte zu glauben. Später will er dann Beweise für ihre Echtheit erhalten haben. Ich selber glaube sie auch heute noch nicht. »Se non è vero, è bene trovato …«

Das unruhige und unsichere Dasein war der Gräfin, die ohnehin zu Anfälligkeiten der Lunge neigte, nicht zuträglich. So ging sie zwischen Südlandreisen immer wieder in die Schweiz, nach Ascona.

Man hat dieses Ascona wohl ein zweites Schwabing genannt; das ist übertrieben. Es ist bestensfalls seine Dépendance. Freilich wanderten viele Schriftsteller und verkannte Genies dorthin, gleich Tummelbienen mit leichtem Schwabinger Blütenstaub bedeckt, aber ein zweites Schwabing konnte doch nirgendwo anders in der Welt entstehen. Spurenweise allerdings traf man dort Geist vom Schwabinger Geist. So legte einer der Schwabinger Übermenschen in Ascona eine Hühnerfarm an, um mit dem

Ertrag seine fixe Idee durchzuführen: die gesamte Landwirtschaft der Welt zu reformieren.

Aber die Gräfin Reventlow hätte in Ascona beinahe ihr Ziel erreicht – beinahe. Kobold Zufall, nicht wahr, ging wieder ans Werk und schleppte einen märchenhaften Geldschatz herbei, den er ihr zu Füßen legte. Sie war an die vierzig Jahre alt und mochte sich nach Ruhe sehnen; das ewige Nachdenken über Geld fing an, lästig zu werden. Um diese Zeit taucht in ihren Tagebüchern ein »Seeräuber« auf. Dieser »Seeräuber« war ein russischer Baron Rechenberg, dem eine Riesenerbschaft winkte – falls er heiratete. Diese Bedingung hatte sein alter Herr, der das Geschlecht der Rechenbergs blühen, wachsen und gedeihen sehen wollte, testamentarisch festgelegt. Im ganzen Umkreis von Ascona soll es keine Osteria gegeben haben, in der der Saufbaron nicht auf die winkende Erbschaft Schulden gemacht hatte. Es wollte sich aber ewig keine Frau finden, die in die alkoholumdufteten Goldberge stieg, bis Franziska Reventlow – nach Emil Szittya soll Erich Mühsam die Verbindung zustande gebracht haben – sich bereit erklärte, das Abenteuer zu bestehen. Das heißt es wurde vertraglich ausgemacht, daß die Ehe nur eine Scheinehe sein und bleiben sollte. Man heiratete, der Alte starb auch programmäßig nach nicht allzulanger Frist, ein Riesenvermögen war greifbar, d a s Vermögen, auf das Franziska zeitlebens gewartet hatte … Da machte die Bank, auf der das Geld deponiert war, bankrott.

Der Kobold hatte seine alte Rolle gut pointiert zu Ende gespielt. Und Franziska? Sie blieb sich treu. Sie soll nur gesagt haben: »Es filmt wieder mal.« Und dann setzte sie sich hin und schrieb mit schwebendem Humor ihren Roman »Der Geldkomplex« – ein Titel, mit dem sie genial einen psychischen Zustand der ihr nachfolgenden Menschheit vorweggenommen hat. »Der Geldkomplex« war Franziska v. Reventlows letzter Roman. Zu ihren Freunden zählten damals noch Emil Ludwig und Klabund. Sie ist 1918 in Ascona gestorben.

Schmierenzeit der Flimmerkiste

Ich bin den Ereignissen vorausgeeilt. Doch wird das kleine Medaillon der Gräfin begreiflich machen, daß sie nicht »mein Typ« war. Gern hörte ich ihr zu, wenn sie erzählte, und gern auch der Fama, die so Erstaunliches von ihr zu berichten wußte; aber »da war ein Rest von Fremdheit, der größer als das Ganze war ...« Mein latenter Schwarm war und blieb Annagret. Gewiß auch deshalb, weil sie für mich eine Aufgabe blieb. Sobald sich die erste Gelegenheit bot, fand ich wieder den Weg zu ihr. »Es filmt wieder mal«, hatte Franziska gesagt. Ja, der Film hatte das Licht der Welt erblickt und – vermehrt. Karl Gabriel hatte schon 1897 in seinem »Panoptikum« die ersten »Lebenden Photographien« vorgeführt, und zwei Jahre später hatte es auf »der Wies'n« das erste »Cinematographen-Theater« gegeben.

Wenn man heute etwas von den ersten Versuchen der Filmerei sieht oder hört, pflegt man zu lachen. Ihr habt gut lachen. Damals war es eine todernste Angelegenheit. Meine würdigeren Kollegen von der hohen Theaterkritik hielten mich für einen Entarteten, als ich mich herabließ, ins Kino zu gehen, und sogar Spaß hatte an dieser »minderwertigsten Pseudokunst«. Aber wer sprach damals von Filmkunst? Wer ahnte so etwas überhaupt? »Kintopp« war eine technische Jahrmarktskuriosität. Der große Theaterkritiker Tim Klein, dem ich bis zu seinem Tode in enger Freundschaft verbunden blieb, war nie zu bewegen, ein Lichtspielhaus zu betreten. Er geriet außer sich bei solcher Zumutung. Ich wagte gar nicht mehr, ihm meine Verworfenheit einzugestehen. Doch inzwischen hatten die Filmleute angefangen, regelrecht Theater zu spielen. Und eines Morgens trat die Versuchung in Form eines Telegramms aus Berlin an meinen Kollegen Dr. Klette und mich heran. Wir sollten ein abendfüllendes Manuskript aus der Münchner Künstlerwelt schreiben. Das mußte aber binnen vierundzwanzig Stunden fertig sein. Und der Berliner Regisseur bestellte uns damit für nächsten Morgen auf den Bahnhof. Wir schrieben die ganze Nacht, selbstverständlich keine Dialoge, denn es war ja ein Stummfilm, dafür aber die herzbewegendsten Situationen um ein Weib zwischen zwei Rivalen, dem Künstler und dem Protzen. Um diese Eckpfeiler schlang sich ein üppiges Gerank von Schwabingerinnen und Schlawinern, Alexandre Dumas und Henri Murger hätten uns um den

Schwung unserer romantischen Phantasie beneidet. Früh standen wir am Bahnhof. Der Produzent, der mit Würde den Namen eines Edelsteins trug, kam mit seinem Stab an. Sein Sohn hatte die ganze Firma in der Mappe. Sein Schwiegersohn trug den schweren Kurbelkasten – um ihn später auch zu bedienen. Wir händigten unser nächtliches Meisterwerk aus und gingen sofort auf die Suche nach Darstellern und Darstellerinnen. Vorläufig stand nur fest, wer die Rollen der beiden Rivalen übernehmen sollte. Der sympathische Carl de Vogt und der grimme Otto Greiner waren dafür ausersehen, und sie erschienen auch uns dafür die richtigen. Alles übrige mußte gefunden werden. Der Tag schloß mit einem spontanen Polterabend in der Schwabinger Brauerei.

Am nächsten Morgen wurde um acht Uhr früh angetreten, mit angeklebten Künstlerbärten, Samtkitteln und fliegenden Krawatten. Doch unser Regisseur blickte finster drein. Er hatte in der Nacht unser Drehbuch gelesen und war sichtlich ernüchtert. Das war doch kein Filmstück! Wir waren viel zu sehr von der Bühne verdorben. Das war ja ein Liebesidyll à la Hartleben oder Max Halbe, ein romantischer »Schmachtfetzen« ohne handfeste Filmdramatik! Da müsse zunächst mal Handlung hinein. Er habe sich's über Nacht selber ausgedacht: Eine Räuberbande müsse her, die in einer Felsenhöhle im Isartal haust und dort für einen überseeischen Auftraggeber Kunstwerke zusammenstiehlt. »Das ist 'ne Idee, was?« ...

Wir ließen kein Mittel unversucht, um unsern allmächtigen Produktionschef von seinem genialen Einfall abzubringen. Auf sein Verlangen mußten wir mit ihm ins Isartal fahren, zu unserm größten Schrecken, denn dort gibt es allerhand Höhlen. Leicht hätte seine gloriose Idee da aufs neue auskriechen können. So fuhren wir in weitem Bogen um alles herum, was nach einer Höhle aussah. Schließlich gab er seinen Plan auf. Statt dessen inszenierten wir nun ein Schwabinger Atelierfest, das er auf Berlinerisch »Budenzauber« nannte. Das war uns nun sehr sympathisch, weil wir dafür eine ganze Reihe von Schwabinger Freundinnen zusammenholen konnten.

Bei den meisten der Damen hatten wir Glück; unsere Schwabinger Razzia brachte ein Ensemble von Typen zusammen, die vor Echtheit strotzten. Ich selber durfte mein damaliges Jiu-Jitsu-Training nutzbringend verwenden, in Form eines glänzenden Kopfsprungs auf blankem Parkett. Dieses Faschingsfest gelang über alle Maßen. Das Finale sollte eine urbajuwarische Rauferei bilden. In dieser Elite- und Monstre-Nummer schlug Otto Greiner mit dem Maßkrug und einigen Stühlen die halbe Bude zusammen. Das war viel realistischer, als es bei der Räuberbande hätte zugehen können. Der Handlungsfaden aber diente eigentlich dazu, um die herzerweichendsten Szenen von Freud und Leid der Schwabinger Künstler-Boheme daran aufzuhängen. Unter dem Titel »Lachendes Weinen« lief der Kitsch wochenlang, und unser Publikum strömte nicht minder als seine Tränen. Verdient haben wir, mein Kollege und ich, in der dreifachen Ausfertigung als Autoren, Edelkomparsen und Mitregisseure das fürstliche Honorar von hundert Mark.

Aber wir hatten Blut geleckt. Als bald darauf ein ausländischer Devisenbesitzer, der sein Geld würdig zu verlieren wünschte, uns die kombinierte Anfertigung eines »Natur- plus Kriminalfilms im alpinen Rahmen« vorschlug, gingen wir begeistert darauf ein. Wir schrieben das Drehbuch »Der Hofdetektiv«. Ich sollte in der Titelrolle meine vom deutschen Meister des japanischen Kampfsports, dem Münchner Polizeilehrer Hans Reuter, erlernten Sprünge, Würfe und Griffe an den Mann bringen. Ich studierte eigens einen Doppelgriff ein, um gleichzeitig zwei Verbrecher in die »Komm-mit-Zange« zu nehmen, wobei das Wichtigste war, daß mir das herrenhafte Monokel nicht aus dem Auge fiel. Im Cowboy-Club lernte ich noch einen Lasso-Trick, – und dann ging es los. Wir kletterten über Klammschluchten und Wildbäche, hingen über Abgründen am angesägten Seil und waren keine Minute unseres Lebens sicher … Aber leider gingen unserem Manager mitten drin die Devisen aus, und unser Meisterwerk wurde nie fertig gedreht.

Mehr Glück hatten wir mit unserm gleichzeitigen Naturfilm. Wir hatten einen jungen Akademiker und erprobten Alpinisten als Führer, dazu den lustigsten Kameramann, dem ich je begegnet bin. Er kam aus dem norddeutschen Flachland und litt schrecklich: Er bekam schon zehn Meter über dem Meeresspiegel Schwindelanfälle. Trotzdem hielt er heldenhaft durch – es blieb ihm allerdings nichts anderes übrig, dank dem Seil, an dem er verzweifelt zappelte. Seine Kameraarbeit war musterhaft; sie sollte sich später bei Aufnahmen im brasilianischen Urwald bewähren. Die Woche, die wir auf unserer Schutzhütte in dicker Nebelsuppe verbrachten, jeden Tag und jede Stunde auf den ersten Sonnenstrahl wartend, haben wir nur Dank seinem Berliner Galgenhumor durchgestanden. Unser Film wurde nicht das Weltereignis, das wir erwartet hatten. Aber er rettete wenigstens unsern Geldmann vor dem Totalbankrott. Er lief unter dem schneidigen Titel »Zauber der Gipfel und Gletscher« hauptsächlich in Norddeutschland. Unsern – nein, meinen »Hofdetektiv« aber bekam niemand zu sehen. Deshalb kann ich heute auf Grund der Aufnahmeproben, die mir gezeigt wurden, kühn behaupten, daß ein Meisterwerk von der unfreiwilligen Komik eines Chaplin der Nachwelt vorenthalten blieb.

Finden Sie, daß Annagret sich richtig verhält?

Bleibt das Kapitel Annagret. Meine längst nicht mehr so Umschwärmte war inzwischen umgezogen. Natürlich tiefer hinein nach Schwabing. Sie wohnte jetzt nicht mehr in dem Herrschaftshaus an der Leopoldstraße, sondern in einem Gartenhäuschen an der Kaulbachstraße, sozusagen der City Schwabings. Daß es ihr mißglückt war, mich via Fanny zu verfrachten, schien Eindruck auf sie zu machen. Wir trafen uns öfters wieder, und noch immer erzählte sie wie ein Buch. Heute hatte sie Max Dauthendey kennengelernt, den »Erdbeflügler« (es gab ein berühmtes Gedichtbuch von ihm, worin er der Erde Flügel verlieh), morgen den tollen Polen Przybyszewski, über dessen Namen sie wie mit dem Wischtuch hinfuhr, und von dem sie lachend das Wort zitierte: »Weib, du bist die Pforte der Hölle!«»Na, da haben wir's!« sagte ich; aber da lachte sie nur noch mehr. Und erzählte weiter. An dem Tag, wo die Geschichten um Y. anfingen, hörten die um X. auf – und zwar endgültig. Eine Zeitlang war ihr Gesprächsstoff Peter Altenberg, der gerade mal von Wien nach München herüber gekommen war und dessen Spazierstock einen n o c h schöneren Elfenbeingriff hatte als der Frank Wedekinds. Der Elfenbeingriff war so schön, daß Altenberg ihn wie eine Monstranz im Lederfutteral vor sich hertrug.»Du, er ist z u schön!« sagte sie plötzlich und klatschte in die Hände.»Den werde ich ihm stibitzen!« Ich wollte ihr auf den Zahn fühlen, ob Peter etwa ihr Schwarm sei.»Aber wo denkst du hin?« rief sie.»Ist mir viel zu schmuddelig. Puh! Diesen struppigen Schnurrbart! Und dann mitten im Hochsommer 'n dicken Wollschal! Nee!«... Als ich Altenberg erzählte, daß Annagret ihm seinen Spazierstock hätte stibitzen wollen, sagte er:»Schau, schau, das hätt' ich dem kalten preißischen Froscherl gar net zugetraut, daß es was stibitzen möcht' – Respekt, Respekt!« Fortwährend zeigte Annagret mir irgendwelche Geschenke, die Altenberg ihr gemacht hatte: ein plustriges Fächerchen, das bei jedem leichten Wurf andere Form annahm, einen Elfenbeinelefanten von der Größe einer Mücke, ein Federhalterchen mit einem Panoramaguckloch von der Größe eines Schrotkorns, durch das man die Stadt Wien sah ...

»Ja, das ist auch von Peter! Da brauchst du dir nichts dabei zu denken. Gestern hat er mich gefragt: ›Hast du mich aber auch wirklich ein bisserl lieb, du süßes Trutscherl?‹ Weißt du, was ich ihm geantwortet habe?

›Aber Peterle, wie könnt' ich denn sonst all die schönen teuren Geschenke von dir annehmen?‹«

So was hörte ich nicht gern. Aber was mich am tiefsten kränkte, war die dauernde Verletzung des Urheberrechts, die sie geradezu mit Passion betrieb. Nämlich so: Ich erzählte ihr beispielsweise in der Faschingszeit einen neuen Schwabinger Witz: von den feschen Dominos, die während der Tanzpause zur Garderobe eilten, um dort ihre Nummern vorzuzeigen – nicht um etwa ihre Mäntel in Empfang zu nehmen, sondern – na, was wohl? – um sich auf zehn Minuten ihre nummernweise im Steckkissen aufgehängten Säuglinge reichen zu lassen und sie zu stillen … Oder die – übrigens wirklich passierte – Geschichte von der Fotografin, die alle paar Tage an der Tür ihres Ateliers ein Schildchen aushängte: »Eine halbe Stunde geschlossen. Bin erotisch beschäftigt« … Und was meint man, acht Tage später kommt Annagret regelmäßig, um mir alles mit genau denselben Worten zu erzählen, als von »irgendwem« gehört. Das wäre noch hingegangen, weil ich es ja selber von irgendwem aufgeschnappt hatte. Schlimm aber wurde es bei meinen Originalbeiträgen. Eines Tages nahm ich sie mit in den europäischsten Salon Münchens, zu der Deutschfranzösin Annette Kolb, der Verfasserin von »L'âme aux deux Patries« und des schönen Münchner Romans »Daphne Herbst«. Da saß Karl Wolfskehl, der Hohepriester Stefan Georges, ganz allein in einer Sofaecke, die seine mächtige Gestalt völlig ausfüllte, und sein kurzsichtiger Blick irrte hinter den teleskopischen Brillengläsern hilflos suchend umher, wie in einem Wachtraum. Um ihm einige Unterhaltung zu vermitteln, wollte ich ihn mit Annagret bekannt machen; aber sie lehnte ab. »Ne, das ist ja ein zu komischer Kauz!« Daraufhin brachte ich zwei steinalte Damen zu ihm, die ihrerseits nach irgendeiner Bekanntschaft herumangelten, und ich mußte wohl das Richtige getroffen haben. Als sich die beiden Alten nach zwei Stunden von Wolfskehl verabschiedeten, ging ich zu ihm. Mich selig durch seine Teleskopgläser anstrahlend, fragte er: »Sagen Sie, wer waren diese beiden reizenden jungen Damen? Ich bin der glücklichste Festgast!« – Das war eine Geschichte nach Annagrets Herzen. Aber was glaubt man, was für ein Gesicht ich machte, als sie mir vier Wochen später erzählte: »Denk' dir, neulich traf ich doch in einer Gesellschaft Karl Wolfskehl mit zwei alten Damen, und wie sie gegangen sind, fragt er mich …«»Aber erlaub' mal …« gestattete ich mir einzuwerfen. »Ach ja, ganz richtig. Das kennst du ja schon!« …

So was traf mich ins Mark meiner Autorengefühle. Ich hatte immerhin schon einiges in den Gazetten veröffentlicht und Honorar dafür erhalten: Das stärkt den geistigen Eigentumsbegriff. Selbsterlebte, sogar selbstgeschaffene Geschichten schreibt man, schickt sie an die Redaktionen und bekommt dafür Honorar; man kann sie auch mündlich erzählen – aber auch dann nur gegen Honorar. Das Honorar Annagrets aber blieb hartnäckiger aus als das des kleinsten Winkelverlages. Als ich ihr dies zum Vorwurf machte, erwiderte sie schnippisch: »Na ja, ich erzähle deine Geschichten – aber schließlich doch nur im Privatleben?« »Ein Schriftsteller hat kein Privatleben!« »Na eben, er gehört ganz der Öffentlichkeit! Was willst du nun eigentlich?« Das war ihre Art der Beweisführung.

Fromme Milch in Schwabylon

I n jenen Tagen begann ich, konsequent Milch zu trinken. Bei Emma. Noch heute, wenn ich an Emma denke, scheint mir ein Ruch frischer Milch um die Nase zu wehen. Sie war angestellt in einer großen, damals modernen Molkerei, dem jungen Stolz unserer alten Gasse. Neben dem Eingang des Hinterhauses, in dem Emma im vierten Stock wohnte, gab es eine Reihe von Briefkästen für die verschiedenen Stockwerke; solche Häuser gab es damals in dieser freundlichen Stadt, wo der Briefträger kein Bergsteiger zu sein brauchte. Emma und ich korrespondierten sowohl durch den Briefkasten, wie an ihm vorbei. Da war nämlich hinter dem letzten Kasten, der zum vierten Stock gehörte, ein schmaler, kaum sichtbarer Spalt zwischen Holz und Mauer. Dorthinein steckten wir abwechselnd unsere Billetdoux: »Heute abend acht Uhr auf unserer Bank. In Sehnsucht wartet …« Manchmal steckte ich auch ein Gedichtchen in den Spalt, aber Emma war gar nicht poetisch. Wie die »Delikatessentöchter« aus dem »Tal«, die so manche Nacht auf den Nymphenwiesen unendlicher Träume mit den Schwabingern Walzer tanzten, um tags darauf auf strammen Beinen hinter dem Ladentisch zu stehen, so war auch Emma ein ganz real empfindendes Münchner Kind.

Aber wer da meint, daß mich Emma aus dem Labyrinth, in dessen innerster Schnecke Annagret als Sphinx lag, hätte herausführen können, der kennt sich nicht im menschlichen Herzen aus.

Kaum hatte ich die blonde Sonne Annagret wiedergesehen, so fing die Milch bei Emma an, säuerlich zu schmecken. In die Botschaften hinter dem Briefkasten zog ein Ton des Vorwurfs ein. »Liebst du mich nicht mehr? Gestern abend warst du so anders zu mir. Bitte, komm heute bestimmt!«

– Man sieht, die Ruhe, die irgendein Dichter einmal die natürliche Stimmung eines wohlgeregelten, mit sich einigen Herzens genannt hat, genoß ich nicht. Aber hatte Otto Julius Bierbaum nicht den Rat erteilt, »wenn die liebe Liebe dich am Zwickel zwackt«, zu Bier und Wein zu gehen? Schließlich war man in München.

Aber es war keineswegs der »Stoff« als solcher, der mich anzog, – wie es ja auch nicht die Milch als solche gewesen war. Es waren vielmehr die parnassischen Höhen der Dichtkunst und der Freundschaft, die Geister der männlichen Welt, die mich riefen. Sorgsam behielt ich diese Welt für mich; sie war durch einen breiten Sperrgürtel getrennt von den venusinischen Gefilden.

Bei den Elf Scharfrichtern

D a war zunächst einmal der »Goldene Hirsch« mit den Elf Scharf-richtern.

Ein geheimnisvolles, schon aus der Ferne irgendwie aufreizendes Stimmungs-Vorgelände umgab die Elf Scharfrichter. Die Wirklichkeit allerdings, in die man hineingeriet, war zunächst mehr als ernüchternd. Als mich Max Rohe, der heute noch Kunstkritiker in Hamburg ist, eines Abends mitnahm, mußte ich zugeben, daß das Milieu eigenartig genug gewählt war. Gegenüber einer unschönen Kaserne lag in der Türkenstraße eines der ortsüblichen kleinen Beiseln, »Zum Goldenen Hirschen«, und wenn man durch einen Torweg den dämmerigen Hof betrat, sah man sich zunächst hinter die Kulissen eines Schankbetriebes versetzt – leere Fässer, Stapel von Bierkisten, Handwagen und Abfälle. »Dies nennen unsere hochgeschätzten Künstler ihren Wintergarten«, erklärte Max lachend. Um so überraschender war der Eintritt in das kleine Theaterchen. Der Raum war ehemals der Paukboden einer Studentenschaft gewesen – blutgetränkter Boden also. Dieses Lokal, das sich wie der Zuschauerraum einer im Thespiskarren umherziehenden Wandertruppe des 18. Jahrhunderts ausnahm, schien wie durch Schicksal zu seiner jetzigen Bestimmung gekommen zu sein. Er hatte gerade die richtigen Ausmaße, mochte an die hundert Personen fassen und wäre durch die elf Scharfrichtermasken an der Wand wohl schon hinlänglich gekennzeichnet gewesen, wenn nicht neben einer der beiden kleinen Logen der »Schandpfahl« noch deutlicher von der Signatur des Ortes gesprochen hätte. An dem Pfahl sah man einen mit Perücke bedeckten Totenschädel, in dem recht schauerlich ein Henkerbeil haftete – ein Einfall, einer Jahrmarktsbude würdig, hier aber durch das Motiv des Bürgerschrecks, des »épater le bourgeois« seltsam überhöht. Viele Zeichnungen und Bilder von berühmten Künstlern und eine Kleinstatue des weiblichen Hauptstars Marya Delvard lockten vor Beginn und während der Pausen zur Betrachtung. Plötzlich setzten die Klänge des »Scharfrichtermarsches« ein. »Erbauet ragt der schwarze Block, Wir richten scharf und herzlich« …, und herein kamen in ihrem scharlachroten Ornat die »Elf« geschritten – ein feierlicher Zug, der gerade durch seine Starrheit etwas schauerlich Groteskes hatte, und die »Exekution« begann. Die Exekution wessen? – Natürlich des »Bourgeois«, des fetten, satten, reichen, selbstgenügsamen Hüters einer überalterten Weltvorstellung. Diese Tendenz verhinderte jedoch nicht, daß die Söhne reichster Häuser, die ihrerseits auf den Bourgeois hinabsahen, eine Schwäche für das Scharfrichterspiel hatten. So waren die »feinen Schwabinger« rund um Rudolf Alexander Schröder dort durchaus nicht selten zu sehen. Der vornehme Alfred Walter Heymel, dem Schröder – damals nicht nur als Dichter, sondern auch als Architekt tätig – die berühmte »Inselwohnung« an der Leopoldstraße einrichtete, kam gern mit seinen Besuchern dort hin.

Merkwürdig war, zu vernehmen, daß aller Aufwand der Scharfrichterei nicht genügt haben würde, um wirklich ein Publikum herbeizuziehen – die Eintrittskarte kostete immerhin drei Goldmark –, wenn nicht eine Frau, eben jene Marya Delvard, den Durchbruch in die Publizität zustande-gebracht hätte. Sie war, blickt man von heute zurück, der erste zarte Trieb an dem später so üppig blühenden Baum der »Vamps«. Sie war Lothringe-rin, eine Landsmännin von mir, und mit Marc Henry, dem Sänger-Con-férencier des berühmten »Chat-Noir« vom Montmartre nach Schwabing gekommen. Aus dem »Chat-Noir«, der Urzelle aller europäischen Kaba-retts, brachte Marc Henry die Erfahrungen mit, die ihn zum Direktor und Conférencier der Elf Scharfrichter prädestinierten; sein schönstes Geschenk an das junge Unternehmen aber war die Delvard. Keß und doch irgendwie geheimnisvoll trat sie vor den blaugrauen Rundvorhang, das Gesicht über dem engen schwarzen Kleid mit dem hochgeschlossenen Kragen kreideweiß gepudert, die Lippen breit rotgeschminkt, und trug mit jener dunklen Stimme und starrernster Miene, die bis zu Marlene Dietrich zum Air der großen Diseuse gehören, Wedekinds »Ilse« vor:

»Ich war ein Kind von fünfzehn Jahren,
Ein reines, unschuldsvolles Kind,
Als ich zum erstenmal erfahren,
Wie süß der Liebe Freuden sind.

Er nahm mich um den Leib und lachte
Und flüsterte: O welch ein Glück!
Und dabei bog er sachte, sachte
Mein Köpfchen auf das Pfühl zurück.

Seit jenem Tag lieb ich sie alle,
Des Lebens schönster Lenz ist mein;
Und wenn ich keinem mehr gefalle,
Dann will ich gern begraben sein.« …

Das war der Sieg. Die Delvard und »Ilse« hatten ihr Echo in den Weltblät-tern von Paris bis Petersburg.

Frank Wedekind selber, der berühmteste der Elf, war im Anfang des Unternehmens noch nicht dabei gewesen. Unter den Gründern war »Peter Luft« der führende Kopf, im Privatleben Otto Falckenberg, der bei meinem Besuch allerdings schon ausgeschieden war, um den Weg zu beschreiten, der ihn zum berühmtesten deutschen Theaterregisseur neben Max Reinhardt machen sollte. Die anderen? Es verlohnt sich nicht, sie aufzuzählen; sie sind vergessen. Auch die meisten ihrer Verse sind vergessen, bis auf den volkstümlich gewordenen, den man heute noch oft zitieren hört: »Und so ziehn wir mit Gesang / Von dem einen Restorang / In ein andres Restorang« … Unvergessen ist Robert Kothe geblieben, der zunächst als Rechtsanwalt zu den Scharfrichtern kam – seltene Zusammenstellung! – und dann erst bei ihnen seine Begabung zum Lautensänger entdeckte, die ihn zur Berühmtheit erhob. Hans Weinhöppel, als Scharfrichter Hannes Ruch, war Hauskomponist. Ja, und nun Wedekind, der Vielumraunte, den der Ruhm von »Frühlingserwachen«, des »Erdgeistes«, des »Marquis von Keith« begleitete und dessen Schauerballade von »Brigitte B.« jeder von uns auswendig wußte. Ich weiß noch heute, wie ich – und ich meinte zu spüren: das ganze Theater seinem Auftritt entgegenfieberte. Endlich trat Marc Henry vor den Vorhang und kündigte an: »Scharfrichter Frank Wedekind mit seiner Gitarre.« Wedekind war der einzige, der sich nicht in ein Pseudonym hüllte, was seinem scharf vorstoßenden Profil sozusagen sehr gut zu Gesicht stand. Die Brigitten-Ballade kennen heute nur noch wenige, und doch sind darin – abgesehen von den Vorklängen zur »Dreigroschenoper« – die witzigen Sprühteufel Schwabinger Bourgeois-Opposition so dicht versammelt, daß ihre Erinnerung wieder wachgerufen werden muß. Dämonisch schlug Frank die Saiten seiner Gitarre und sang mit tenoraler Stimme im köstlichsten Bänkelsängerton:

»Ein junges Mädchen kam nach Baden,
Brigitte B. war sie genannt,
Fand Stellung dort in einem Laden,
Wo sie gut angeschrieben stand.

Die Dame, schon ein wenig älter,
War dem Geschäfte zugetan,
Der Herr ein höhrer Angestellter
Der königlichen Eisenbahn.

Die Dame sagt nun eines Tages,
Wie man zu Nacht gegessen hat:
Nimm dies Paket, mein Kind, und trag es
Zu der Baronin vor der Stadt.

Auf diesem Wege traf Brigitte
Jedoch ein Individium,
Das hat an sie nur eine Bitte,
Wenn nicht, dann bringe er sich um.

Brigitte, völlig unerfahren,
Gab sich ihm mehr aus Mitleid hin.
Drauf ging er fort mit ihren Waren
Und ließ sie in der Lage drin.

Sie konnt' es anfangs gar nicht fassen,
Dann lief sie heulend und gestand,
Daß sie sich hat verführen lassen,
Was die Madam begreiflich fand.

Daß aber dabei die Turnüre
Für die Baronin vor der Stadt
Gestohlen worden sei, das schnüre
Das Herz ihr ab, sie hat sie satt.

Brigitte warf sich vor ihr nieder,
Sie sei gewiß nicht mehr so dumm;
Den Abend aber schlief sie wieder
Bei ihrem Individium.

Und als die Herrschaft dann um Pfingsten
Ausflog mit dem Gesangverein,
Lud sie ihn ohne die geringsten
Bedenken abends zu sich ein.

Sofort ließ er sich alles zeigen,
Den Schreibtisch und den Kassenschrank,
Macht die Papiere sich zu eigen
Und zollt ihr nicht mal mehr den Dank.

Brigitte, als sie nun gesehen,
Was ihr Geliebter angericht,
Entwich auf unhörbaren Zehen
Dem Ehepaar aus dem Gesicht.

Vorgestern hat man sie gefangen,
Es läßt sich nicht beschreiben, wo;
Dem Jüngling, der die Tat begangen,
Dem ging es gestern ebenso.«

War es die sublime Komik der Verse, war es der suggestive Vortrag ihres Dichters? – Jedenfalls brach ein Jubel ohnegleichen los, und wir hörten von da an, wenn uns »Brigitte B.« ins Gedächtnis kam, die Original-Tonart ihres Meisters im Ohre mit.

Als Darsteller seiner eigenen Werke wirkte Wedekind komisch in der Tragik und tragisch in der Komik. Die ihm vorgeworfene »Schamlosigkeit« war nur Abwehr gegen die »lüsterne Prüderie« der sogenannten guten Gesellschaft. Seine Bühnenerfolge waren jahrzehntelang umstritten. Er hat selbst geschrieben: »Man hofft und hofft und hofft, von einem Durchfall zum andern, von einem Scheinerfolg zum andern.« Fast alle seine Premieren waren »fröhliche Begräbnisse«! Sie haben aber doch seinen Ruhm begründet. Denn mehr und mehr fühlte man den metaphysischen Hauch, der seine Dramen durchwehte in einer Zeit, da der Naturalismus die Phantasie schwunglos zu morden drohte.

Kathi Kobus und der »Simpl«

D ie Elf Scharfrichter hatten ihre Stammkneipe nicht im »Goldenen Hirschen« selber, sondern unweit davon. Auch nah dem Siegestor. Da dort außer den Scharfrichtern noch andere »scharfe Poeten« verkehrten, hieß sie mit Recht die »Dichtelei«. Konnte ich einen größeren Wunsch haben, als dort eingeführt zu werden? Bald fand ich Freunde, die mich mitnahmen. Auf diese Weise wurde ich Augenzeuge und Mitakteur des größten Schwabylonischen Ereignisses.

So darf man es wohl nennen. Denn es gab Zeiten, wo man in ganz Europa und bis New York oder Sidney wußte, was der »Simplicissimus« der Kathi Kobus war. Und wie weltverloren und winzig fing das doch an!

Jenes kleine Beisel, in dem ich mich mit Georg Jacob Wolf, dem nachmaligen Meister in allen Monacensibus, und mit Willi Geiger, der damals Stucks Schüler war, traf – auch Alfred Kubin, der Leise und Geheimnisvolle, kam manchmal zu uns – war unterteilt in mehrere Provinzen, alias Stammtische. Wir waren die Jüngeren und Jüngsten dort, der Nachwuchs, die kleinsten Spargelköpfe Schwabings. Und doch genossen auch wir das Vertrauen der jovialen Wirtin.

Diese, ein resches, resolutes Weib von stattlichem Wuchs, war mit dem Hausherrn und Vermieter der »Dichtelei«-Räume nicht recht zufrieden. Jeder von uns wußte, daß sie heimlich drauf und dran war, auszubrechen. Jedes dritte Wort, wenn sie einen von uns allein am Tische hatte, war: »Woaßt, wann i erscht mei Eigenes hab« … (Sie pflegte ihre Gäste zu duzen; die sie nicht duzte, taten fehl daran, sich als wirkliche Gäste zu betrachten.) Ob wir ihr treu bleiben würden? Ob wir mit ihr geschlossen aus der alten in die »Neue Dichtelei« übersiedeln würden? Das war ihre beständige brennende Sorge. Wir versprachen es ihr mehr oder minder feierlich und machten ihr Mut zu der »Secession«. Vielleicht würde es aber nie dazu gekommen sein, wenn nicht Frank Wedekind auf den kühnen Einfall eines jähen Handstreichs gekommen wäre: An einem Tag X würde man geschlossen das Lokal wechseln. Ganz in der Nähe hatte unsere Hebe nämlich eine geeignete Lokalität gefunden und für den künftigen Zweck notdürftig herrichten lassen.

Die Wirtin war also Kathi Kobus. Und der Tag X war der 1. Mai 1903. Wir alle waren vollzählig versammelt. Galt es doch, in einem grotesken

41

Umzug ohnegleichen, ohne Möbelwagen, alles, was die »Dichtelei« enthielt – außer Wänden und Mauern – in das neue Lokal hinüberzuschaffen. Mit brennenden Kerzen setzte sich der Zug in Bewegung, Wedekind mit der Gitarre voran, hinterdrein marschierten wir anderen mit Tischen und Stühlen, Theke und Weinregalen, Eisschrank und Vorräten. ... Mit einem ausgiebigen Fest wurden die Kathi und ihre »Neue Dichtelei« gefeiert, wenngleich das dreiteilige Lokal mit dem langen, schmalen Darm, der den vorderen und den rückwärtigen Raum miteinander verband, uns alles andere denn als »geeignete Lokalität« erschien. Schon in dieser Nacht griff der künftige Geist des Ortes präludierend in die Saiten: Der eine oder der andere von uns sprang auf das rasch gefügte Bretterpodium, man sprach Verse aus dem Stegreif, tanzte oder sang, und polternd und rumpelnd ächzten die Bretter Antwort. ... Das Kabarett der Kathi Kobus war gegründet.

Aber kaum waren die Einweihungsklänge verweht, da kam schon der Kater in Gestalt der Gewerbepolizei. Der ehemalige Hausherr verbot seiner Ausreißerin Kathi auf Grund der §§ Soundso, Absatz Soundso, den Gebrauch seines teuren Namens »Dichtelei«. Die Kathi zog ihr dickbesticktes Chiemgauer Sonntagsgewand an, steckte eine Rose, nicht ohne Dornen, ins Mieder und ging zum Rechtsanwalt. Aber der riet entschieden ab. Die Sache begann, brenzlig zu werden.

Da kam eines Abends wieder einmal Albert Langen zur Kathi. Er hatte als Verleger der satirischen Wochenschrift »Simplicissimus« dort eine ganze Reihe von Mitarbeitern als Stammgäste sitzen. Das erste, womit die Kathi ihm in den Ohren lag, war natürlich die »scheußliche G'schicht« ...

Dann beichtete sie: Gestern sei Rudolf Wilke ihr Gast gewesen, und dem habe sie auch schon ihre Not geklagt wegen des neuen Namens, den sie für ihr Lokal brauche. Und weil sie so in Stimmung waren, hätten sie den »Simplicissimus« und seinen Verleger hochleben lassen, und dabei sei der geniale Rudolf auf den glänzenden Einfall gekommen, daß die Kathi ihr Lokal auch »Simplicissimus« taufen könnte, was ja für die neue Zeitschrift keine schlechte Reklame wäre. Und so habe sie dem Wilke seinen genialen Einfall »abgekauft« und möchte ihn heute mit dem ganzen Redaktionsstab begießen. Albert Langen wurde zunächst weiß vor Wut – aber seine Mitarbeiter, von denen mehrere an dem Handel beteiligt waren, halfen bei der gelinden Erpressung mit, und um Mitternacht hatte die Kathi ihren »Simplicissimus« in der Tasche, und dazu noch Th. Th. Heines rote »Simpl«-Dogge, die dann, in Pappmaché plastisch nachgebildet, auch das Wahrzeichen von Kathis Lokal wurde. Nur bekam der bissige Köter statt der zerrissenen Kette eine Sektflasche zwischen die Zähne.

Obwohl wir unser Wort wahrmachten und der Kathi treuer blieben als manch einer ihrer »Verlobten«, so war der »Simpl«, wie wir bald abkürzten, jahrelang alles andere als ein volles Festlokal. Vergebens streute die Sektflasche der Bulldogge ihren prickelnd-anregenden Appell in den Raum. Wir Stammgäste rund um die Prominenten herum: junge Maler, Graphiker, Schauspieler, Redakteure, Schriftsteller, Studenten, begnügten uns mit Kathis Bier und Wein, und dies auch nur, so gut und so lang es unsere Kasse vertrug. Sehr häufig half Kathi nach, indem sie Bilder in Pfand nahm. Die Pfänder wurden natürlich selten oder niemals eingelöst; aber dafür wurde Kathi eine namhafte Sammlerin moderner Kunst. Spielte sie dann einmal auf die Einlösung an, bekam sie bis zum Erbrechen die Antwort zu hören: »Aber Kathi, Geld bringt im Jahr nur vier Prozent, der Wert meines Originals steigt pro Monat um zehn!« ... Was nicht immer gelogen war. Sie hatte da echte Bilder von Kaulbach, Uhde, Weisgerber, Stuck, Th. Th. Heine, Reznicek und Gulbransson und wer weiß was sonst noch hängen, alles kunterbunt durcheinander. Auch einen Segantini meine ich gesehen zu haben. Manches Monatsende, wenn einer völlig auf dem Trockenen saß, hat die Kathi mit ihrer sagenhaften Wasserknödlsuppe flüssig gemacht, so daß man noch den rettenden Ersten erreichte.

Dafür war die Stimmung prächtig. So viele Talente saßen auf einem Haufen beisammen. Bald hub am Tisch ein Liedl an, bald sprang einer mit einem Satz aufs Podium und jonglierte ein Dutzend Verse in die rauchblaue Luft. Die Kathi hätte nicht die Kathi sein müssen, wenn sie hierin nicht ihre Chance gewittert hätte. Sie brachte in den Unsinn Methode, indem sie den ganzen Strom über das Podium lenkte. Das machte sie, indem sie entweder pro Gedicht oder Chanson einen Kalbsnierenbraten auswarf oder gar, in besonders harten Fällen, auch in die Geldtasche griff. Sie ging dabei äußerst geschäftlich vor. Ich will den Witz nicht unterschreiben, daß das Stück Niere im Braten um so kleiner war, je weniger Verse ein Chanson hatte – aber sie kalkulierte Küche und Dichtkunst genau gegeneinander aus.

An Musikern war kein Mangel. Allerdings hat sich nie eine Kapelle gebildet; das war wohl auch nicht nötig. An sanften Abenden spielte in einer Ecke, unweit der Bank, auf der das »trunkene Genie« Asbe zu übernachten pflegte – er hatte sich als einziger dieses Recht »ersoffen« – der Maler Sepp Futterer herzergreifend Mundharmonika, oder Agoston wiegte schaukelnd sein geliebtes Bandoneon im Schoß. Über diese Dilettanten erhob sich weit der feurige Dunajec, der Meister aus der Puszta (von dem man allerdings munkelte, er sei in seiner Heimat Schulmeister gewesen). Er pflegte bescheiden von sich zu sagen: »Ick sein Paganini von zwanzickste Jahrhundert!« Wenn Genie »Meisterschaft« in der Beschränkung ist, so war Dunajec bestimmt eins: Sein Genie beschränkte sich auf die damals so beliebte »Serenade« von Toselli – und auf virtuos angebrachte Handküsse bei den Damen. Diese Schmachtmelodie paßte zum pikanten Anekdotengerank um ihren Schöpfer, mit dem die Kronprinzessin von Sachsen durchgebrannt war. Ebenso zum Modebestand der Zeit gehörten der »Kleine Kohn«, »Puppchen, du bist mein Augenstern« oder das Lied von Robinson dem Luftfahrer: »Robinson, Robinson / Fuhr in einem Luftballon / Mit der Jungfer Lilofee / In die Höh', in die Höh'! / Als man wieder runter kam, / War sie eine Jungmadam« ... Dunajecs Laufbahn stieg hoch auf: Er errang die Braut – zwar nicht die Kathi selber, aber ihre Oberkellnerin. Alle jedoch stellt Klieber in den Schatten, »der Herr Kapellmeister«. Von ihm wurde behauptet, daß seine heimliche Liebe der Chemie galt – die offenkundige galt dem Alkohol – und wenn er sein Klavierspiel mit orgelhaftem Gesumm und Gebrumm untermalte, konnte man zweifeln, ob er sich nicht in einem brodelnden Laboratorium fühlte und seine Musik nach chemischen Formeln mischte.

Aufgerissen wurde aber das Musik- und Tabakgewölk, wenn der scharfe Strahl eines frechen oder gar gefährlichen Chansons dazwischenfuhr! Man wußte ja von empfindlichen Freiheitsstrafen, die der Staatsanwalt über den einen oder anderen verhängt hatte; Wedekind hatte wochenlang auf der Festung Königstein und manch anderer in Stadelheim »gesessen«. Der Gedanke, daß jeden Augenblick ein »Kriminaler« unter uns aufstehen konnte, hatte einen prickelnden Reiz.

Ich selber hörte am liebsten den unvergeßlichen Albert Weisgerber (der mit Franz Marc und anderen eine neue Ära der Malerei einleitete und gleich ihm im Ersten Weltkrieg fiel), wenn er seine Klampfen zupfte und das Bayernlied von König Ludwig anhub:

»Doktor Gudden und der Bismarck,
Den wo man auch den großen Kanzler nennt,
Die haben ihn in 'n See neig'schmissen,
Indem sie ihn von hinten angerennt!

Großer Kanzler, deine Schande,
Die bringet dir gewiß kein Ehrenreis.
Du stundst ihm nicht im offnen Kampfe,
Der Rippenstoß von hinten das beweist!«

Nach diesem bajuwarischen Trutzlied, das laut bejubelt wurde, erhob sich dann wohl mit einem gut einstudierten Ruck, durch den er ein wenig eitel auf sein Holzbein anspielte, Ludwig Scharf und schmetterte seinen Proleten-Sang in die Runde:

>Ich bin ein Prolet, vom Menschengetier
Bin ich bei der untersten Klasse.
Ich bin ein Prolet, was kann ich dafür,
Daß ich keine Zier eurer Gasse! …«

Das klang in seiner tagtäglichen Wiederholung wohl etwas gemacht, aber für die neuen Gäste doch immer eindrucksvoll. Der blassen ungarischen Gräfin, welche die hohe Gemahlin des »Proleten« war, schien dabei jedesmal eine Gänsehaut überzulaufen. Auch Kathi Kobus war von dem schwarzstruppigen Kerl entzückt, es hieß, daß er von all ihren Stars das größte Honorar, zwölf Mark pro Abend, erhielt.

Zwischendurch sprang ich wohl selbst aufs Podium und gab meine »Herrenlose Ballade« zum besten:

>Bin von denen, die nicht wollen,
Für die der Lehrer Ruten hält,
Von denen, die der Ordnung grollen,
Für die ein Staatsanwalt bestellt …«

Das ging dann zwar aus pariserischer Ironie mit einem Stilbruch, den jeder bessere Oberlehrer rot angestrichen hätte, in ein aufrührerisches Herwegh-Pathos über:

>›Pflanzt auf!‹ Und durch die Reihen geht
Ein Blitz von kaltem Stahl,
Und auf den Bajonetten steht
Der letzte Sonnenstrahl.

Aufflackert wild der Freiheitraum.
Volk bricht aus seiner Nacht,
Und von der Barrikade Saum
Die erste Salve kracht!« …

Aber das war in jener glücklichen Zeit so böse nicht gemeint.

Hinwiederum erinnere ich mich, daß der einzige wahre Revolutionär unter uns, Erich Mühsam, eine der zartesten lyrischen Arabesken vorbrachte, das Kurzgedicht vom Jüngling am Siegestor:

»Ein Jüngling steht am Siegestor,
Der an ein Weib sein Herz verlor.

In Händen einen Blumenstrauß
Schaut er nach der Geliebten aus.

Das ist zwar nichts Besunderes,
Ich aber, ich bewunder' es!«

So kamen in diesem Kreis Unzählige zu Wort, die aus den verschiedensten Richtungen der Windrose hier zusammenkamen und nach allen Richtungen wieder auseinandergingen. Da hörte man Georg Queri und Jossip Kosor, da sah man Hans Brandenburg und Detlev von Liliencron. Dieser prägte sich mir durch eine unvergeßliche Szene ein. Eines Abends, er hatte gerade erzählt, wie er einem Verleger ein Honorar mühevoll erpreßt hatte, erblickte er an einem entfernten Tisch eine junge Dame, die sein ganzes Inneres aufzuwühlen schien. Als die Blumenfrau kam, kaufte er, seinem unbändigen Naturell treu wie immer, mit dem Gelde den ganzen Blumenkorb leer, wundervolle Nelken, ging zu der Unbekannten und legte ihr mit einer herrlichen Kavaliersgeste das Bukett zu Füßen.

Die Kathi sah solche Ausgaben nicht gern; sie hätte lieber gesehen, wenn sie durch ihre Kasse gelaufen wären. Denn tatsächlich erlebte der »Simpl« in diesen ersten Jahren mehr intellektuelle als finanzielle Entladungen. Es ging »pfundig« zu, aber im Geiste der sorglosen Verse von Otto Julius Bierbaum:

Winken auch nur billige Pullen,
Butter-, Wurst- und Käsestullen,
Und das Tischtuch ist ein Hemd, –
Setzt euch, Brüder, zecht und schlemmt!

Das war ungefähr die Stimmung, – bis auf das Hemd. Das wäre der Kathi zu teuer gewesen. Wenn man sie auf den Geschäftsgang anredete, sagte sie: »Vui Gschroa um an Dreeck!«

Bin ich Humsti?

Ich hatte Annagret zu dieser Zeit beinah schon vergessen. Was sollte ich Rätsel lösen? Ich wußte mir Besseres. Sie war eine Sphinx, an der ich vorbeispaziert war – in lockende Oasen.

Da war es seltsamerweise Emma, die fromme Milchschenkin, die die Sache wieder in Gang brachte, indem sie mir eines Morgens Eiskaffee ins Glas und Feuer in die Seele goß. Sie hatte in der Zwischenzeit kein Mittel unversucht gelassen, meiner zurückgelegten Sphinx ihr Rätsel zu entreißen. Sie behauptete, Annagret mit einem Schweren-Reiter-Leutnant am Odeonsplatz gesehen zu haben. Das weckte den Othello in mir; mein Herz öffnete sich dem schwärzesten Verdacht.

Auf allen Festen, bei denen ich ihr begegnete, umschlich und beobachtete ich Annagret von ferne. Es ging da hoch her, ortsgerecht schwabylonisch, und nicht selten konnte man bei offener Bühne hinter die Kulissen des Schwabinger Dekamerone blicken. Der »Große Baal«, der »Kosmogonische Eros« feierte Triumphe, und die »reine, nackte Individualität« des verrückten Polen mit dem unaussprechlichen Namen trieb Orchideenblüten; man konnte wirklich meinen, daß seine Lehre: »Alle Kunst ist nur eine Spielerei, die der Urtrieb mit dem Kopfe treibt«, hier Wahrheit würde. Selbst Frauen, denen im Grunde genommen der Sinn gar nicht danach stand, übten sich fleißig, zur »Lockspeise des Satans« zu werden. Das war einfach »höhere Pflichterfüllung«, war »der neue Geist«, war »Dienst am Mysterium« oder wie man's nannte. Georg Fuchs ging damals mit dem Gedanken um, eine der groteskesten Schwabinger Fabeln zu einer Komödie für sein Künstlertheater auf der Theresienhöhe zu benutzen – leider ist sie im Rohstoff stecken geblieben; aber man kann sie nicht schöner erzählen: Die Frau eines Schwabinger Privatgelehrten hatte unter heroischer Überwindung ihres natürlichen, grundanständigen Empfindens sich in »Dionysischer Schwarmgeisterei« geübt und es glücklich so weit gebracht, daß ein junger Künstler glauben durfte, seine Huldigung bis zum Äußersten treiben zu können. Aber die Dame des Hauses, um es schlicht zu sagen, schmiß ihn hinaus. Darauf helle Empörung in ganz Schwabing über diesen Rückfall in die bürgerliche Konvention! Der Gatte erfährt davon und stellt seine Frau zur Rede, weil sie vor dem Spießertum kapituliert habe und sich am »göttlichen Mysterium der dionysischen Blutleuchte« als eine dumme Gans versündigt hätte. Er kam sich vor ganz Schwabing blamiert vor.

In diesem subtropischen Hörselberg-Klima hätte es mir doch eigentlich nicht schwer fallen dürfen, Annagret zu gewinnen. Gerade damals hatte unser Vorbild Schröder, Rudolf Alexander der Große, aus echt Schwabinger Materie die Ballade von »Humsti-Bumsti« geschaffen, und sie warf uns Männern ein scharfes Scheinwerferlicht auf das Doppelstandbild in dem Herzen so mancher Schwabingerin. Da hieß es:

> Humsti war ein schöner Mann,
> Wohl beliebt bei allen Frauen;
> Doch auf Bumsti konnte man
> Nur mit Widerwillen schauen.

Dann wurden die beiden Typen gründlich durchmodelliert:

> Humsti trug sich elegant,
> Abends Frack und weiße Weste
> Bumsti, dieser trübe Fant,
> Kam zerlumpt zu jedem Feste.
> Humsti rauchte Henry Clays,
> Parfümierte sich die Haare,
> Bumsti roch nach altem Käs
> Und nach Pfälzer Ausschußware.
> Humsti war recht muskulös,
> Brust und Waden ohne Fehle,
> Bumsti sagte maliziös:
> Ich hab eine größere Seele!

Und dann kam sie – die schmerzliche Stelle, deren Stich mir durch und durch ging. Aber dieser Stich öffnete gleichzeitig einen Spalt im dichten Bretterwerk meiner Idealvorstellungen von Annagret:

> Adolfine hieß die Frau,
> Der sie b e i d e Liebe schworen.
> Humsti nahm das sehr genau,
> Bumsti ließ es ungeschoren.

Sollte wirklich ein Bumsti mit im Spiele sein? Einer, den zu sehen ich Tor zu blind war? – Möglich, immerhin möglich. Ich las weiter:

> Humsti schickt ihr Blumen hin,
> Wagenräder ungeheuer;

Bumsti dacht' in seinem Sinn:
Schenken ist recht hübsch, doch teuer.

Richtig, richtig, winzige Buketterln, die schickte ich auch Annagret …
Und trieb ich es nicht genau so, wie es nun von Humsti weiter hieß:

Humsti nannt' sie Schmetterling,
Engel, Göttin, Philomele;
Bumsti, wenn er mit ihr ging,
Sprach von seiner großen Seele.

Und nun steht Adolfine vor der Wahl zwischen ihren beiden Helden.

Adolfine sagte: Schwer
Ist die Frage, wen ich wähle.
Humsti der gefällt mir sehr,
Bumsti hat die große Seele.

Doch man müßte Annagret – o verflucht, wie kommt es zu diesem inner-
seelischen Verplappern? Es war doch vorläufig nur von Adolfine die Rede –
also da müßte man Adolfine schlecht kennen:

Adolfine, diese Frau,
Blieb nicht stehen beim Verdrusse;
Und sie kam – denn sie war schlau
Schnell zu folgendem Entschlusse:
Tags gab sie mit Wohlbedacht
Humsti lächelnde Befehle,
Und empfing galant zur Nacht
Bumsti mit der großen Seele.

Da hatte ich's. Vermutlich, wahrscheinlich, ja sogar zweifellos war es so.
Seit ich Humsti-Bumsti gelesen hatte, war es aus mit meiner Schwäche.
Da quoll in meinen Mutmaßungen Bumsti zu einem Elefanten an – ah!
vielleicht waren es sogar zwei Elefanten? – dann hätte ich am liebsten
beide in der Weise erlegt, wie Oberländers berühmtes Blatt jenen Neger
zeigte, der mit e i n e m Pfeil zwei Elefanten durchbohrt: »Zwei Fliegen
mit einer Klappe!« …

Des Dramas fünfter Akt

Aber zu solchen Überlegungen blieb mir nicht mehr lange Zeit. Es kam schlimmer, als ich gedacht hatte. An demselben Tage, als ich von Emma im Kasten das Briefchen vorfand:»Du, ich sag' Dir, wenn Du heute wieder mit der dürren Blonden ausgehst wie gestern, dann geschieht ein Unglück!« – am Abend dieses Tages kam ich unangemeldet, überraschend in eine schwüle Schwabinger Abendgesellschaft. Ich hätte im Auftrag einer Redaktion bereits in Madrid sein sollen; im letzten Augenblick aber war ich statt dessen für eine Reportage nach Paris eingesetzt worden, die erst zwei Tage später fällig war. Beim ersten Blick, als ich den Vorhang (»die Portièren« sagte man damals) auseinanderwarf, sah ich in der Ecke des menschenwarmen Festsalons Annagret – sah sie, wie ich sie niemals hätte sehen dürfen. Sie lag in den Polstern eines bordeauxroten Plüschsofas in arabeskenhafter Anordnung mit einem Individuum, das meine Humsti-Bumsti-Albträume endgültig ins Bodenlose abstürzen ließ. Sie lag, die Knie hochgezogen, mit ihrem Blondschopf im Schoße eines Menschen, zu dessen Gesicht sie hingerissen hinaufblickte. Als ich dieses Gesicht erkannte, plätscherten mir gleichzeitig Wasserfälle, Gänsehäute und Eisschauer über den Rücken: Es war – ja, es war wirklich kein anderer als Danny Gürtler. Er also war es, dem Annagret mich geopfert hatte! …

Danny Gürtler, der Aufschneider, der pomadisierte Maulheld, der patschuliduftende Windbeutel, der Scharlatan … Er war in Wien ausgepfiffen worden und daraufhin zu einem Gastspiel nach München gekommen. Von der Donaustadt brachte er zwei wichtige Attrappen mit, den hochtrabenden Titel eines »Burgschauspielers« und einen riesigen Schlapphut à la Girardi. Seine riesige Gestalt – alles an ihm war riesig – und die ebenso riesige Künstlermähne wurden von dem noch riesigeren Schlapphut oben monumental vollendet. Bei der Akzentuierung seines Äußeren half der Schnurrbart wirkungsvoll mit. Es war der berühmte Schnurrbart à la Haby,»Es ist erreicht«, den der Berliner Hoffriseur bei seinem Allerhöchsten Herrn angepflanzt hatte: zwei scharfe Spitzen nach oben. So stellte Danny mit Girardi-Hut und Haby-Bart eine Synthese von Wien und Berlin dar. Wie seine Schnurrbartspitzen, so stand sein ganzer Sinn nach oben. Beim ersten Sprung auf ein Münchner Kleinpodium nannte er sich den »König der Boheme«. – Ein bramarbasierender Dilettant in

Großfolio. Danny war »Dichter«, und er war »Schauspieler«. Wollte man ihn als Dichter beurteilen, so war er als Schauspieler besser – und umgekehrt. Da hatte ich die zwei Elefanten-Fliegen, die ich mit einer Klappe schlagen konnte!

Sein Erzfeind war Erich Mühsam. Diese Feindschaft sollte, wie jemand behauptete, darauf beruhen, daß Danny sich unter anderem auch das »Genie von Montmartre« nannte, genau wie Mühsam; Danny war aber niemals in Paris gewesen, Mühsam nur acht Tage. Der tiefere Grund zu der Urfehde war wohl, daß Danny den Stil Mühsams rücksichtslos kopierte, so weit es seine mäßigen Kräfte zuließen. Wenn die beiden im Stefanie, dem »Café Größenwahn«, zusammentrafen, was sich nicht vermeiden ließ, denn dort orientierte sich jeder Literat an Hand der fast vollständigen Zeitungs- und Zeitschriften-Galerie darüber, wer wieder mal wessen Idee geklaut, wer wieder mal von wem wörtlich abgeschrieben, wer wieder mal wen schlecht gemacht hatte – dann blieben alle Schachspiele in ihrer momentanen Stellung stehen: Die Begegnung Mühsam-Gürtler verhieß die größeren Sensationen. Einmal waren die beiden, im Stehen lesend, ahnungslos mit den Spitzen ihrer Zeitungshalter aneinander geraten: Sofort schlug Danny zu, Erich gab zurück – und alsbald blitzte und zischte es von einem Zeitungszweikampf, den weder Stier- noch Hahnenkämpfe je übertreffen werden. Die Kontrahenten hörten nicht auf, bis die letzten Blätter zerfleddert und die Stöcke bis auf den letzten Stumpf verbraucht waren. Erst dann konnte man sie trennen. Sicher wäre es zwischen ihnen auch zu Faust- und Ringkämpfen gekommen; aber leider setzte ihr Größenverhältnis solchen Anwandlungen eine natürliche Grenze: Sie waren wie Zwergpinscher und Bernhardiner. Doch wenn man in irgendeiner Ecke ein charakteristisches Fauchen hörte, konnte man wissen: Danny und Erich waren einander begegnet. Das letzte Mal, da ich Mühsam das Café Stefanie verlassen sah, hörte ich ihn die Bemerkung vor sich hinzischen: »Ich gehe wieder – hier riecht es nach Gürtler!« …

Nachdem ich Annagrets Haupt in Danny Gürtlers Schoß gesehen hatte, schwor ich mir, alles was Mühsam an ihm versäumt hatte, nachzuholen. Das Feldgeschrei würde sein: »König der Boheme!« – kochte doch ganz Schwabing vor Wut über diese Unverschämtheit. Und als eines Abends Max Rohe, gewesener Kgl. Bayerischer Kavallerieleutnant – der später in Amerika eine Kaninchenzucht aufzog, sie aber aus Heimweh nach München-Schwabing wieder aufgab – sagte: »Morgen hören wir uns den Kerl noch mal an, um uns die richtige Stimmung zu holen, und dann stellen wir ihm ein Ultimatum: entweder Schluß mit dem ›Königlichen‹ Schwindel, – oder!« Dabei winkelte er den Arm zur Bizepsschwellung. Ich tat desgleichen, und Willi Geiger, der mit am Tisch saß, ebenso. Damit war unser Komplott wortlos vereinbart.

Wir gingen also in »sein« Kabarett, sahen ihn, wie er einem Stall voll staunender Banausen die Pose des »Bohemiens« im Samtrock von Montmartre vorexerzierte, dazu Gedichte von unergründlicher Kitschigkeit vortrug und sich offensichtlich freute, in uns Dreien nun auch echtes Schwabing zu seinen Füßen zu sehen.

Die Freude dauerte jedoch nur so lange, bis er nach Schluß der Vorstellung den Fiaker bestieg. Eben wollte der Wagen anrucken, da traten wir Drei hinter einem Eckpfeiler hervor, einer hielt die Gäule an, der zweite trat rechts und der dritte links ans Fenster der Kutsche und alle drei sprachen wir mit Grabesstimme: »Leg' deinen Titel ab, du König der Boheme – oder!« ... Da hörten wir eine Frauenstimme im Wagen ängstlich aufschreien – die Verschläge auf beiden Seiten flogen auf – Danny sprang heraus und sauste mit der Gewandtheit eines Wiesels von dannen. Der »König der Boheme« entzog sich sowohl seinen monarchischen wie seinen galanten Pflichten durch die Flucht. Auf meiner Wagenseite sprang die Dame heraus, und es war – Annagret. Was aber dann geschah, warf mein Fassungsvermögen über den Haufen und beinahe mich dazu. Sie stürzte an meine Brust, umhalste mich, küßte, weinte, lachte – der große Augenblick war gekommen. »Einen Moment, Liebe!« sagte ich, »steigen wir ein!« Ich verabschiedete mich von meinen Freunden. Stieg ein zu Annagret. Und gab dem Kutscher ihre Adresse an.

Vor ihrem Hause angekommen, huschte sie zur Pforte und holte den Schlüssel aus ihrem »Pompadour«. Ich ergriff ihre Hand und hauchte auf ihre zitternden Finger einen Handkuß. »Es ist sehr spät geworden«, sagte ich. »Du begreifst: zu spät.«

Nichts über Danny – er ist bald danach in die »Psychiatrische« eingeliefert worden und später im Irrenhaus gestorben.

Und nichts über Annagret. Sie hat mir, als ich sie später einmal wiedersah – da war sie die Ehefrau eines hohen Beamten und Mutter dreier normaler Kinder – gestanden, daß sie sich damals nur »im dionysischen Praktikum die Fleißnote I« hatte holen wollen, das Studium sei ihr aber zu schwer gefallen und durch Danny endgültig verleidet worden.

Ein paar Tage nach jenem Ereignis steckte ich in Emmas Briefkasten einen Abschiedsbrief. – Und fuhr nach Straßburg.

Siegestor der Lebensfreude

Flucht und Heimkehr

Aus der Entfernung nahmen die Münchner Ereignisse bald maßvollere Formen an. Besonders die Freundschaft und der weise Humor Schickeles – der später mit »Hans im Schnakenloch« das Stichwort des Elsässertums schuf – half mir dabei. Noch sehe ich ihn im »Piton« mir gegenüber sitzen und auf seine abgerissene Schuhsohle blicken: »Jetzt fangen sogar die Sohlen an, wie die Maler in ›Sezession‹ zu machen.«

Ob allerdings mehr sein Humor oder mehr die anmutige Anita, mit der er mich bekannt machte, dazu beitrug, mir aus meinem Seelenzwiespalt zu helfen, mag dahingestellt bleiben.

Anita Traboldi, die Tochter eines Kunstgärtners und einer römischen Mutter, war dreifach begabt. Sie war Sängerin, sie war außerdem ein bedeutendes Talent im Saitenspiel; und sie war – ein Genie des Alltags. Ein junges Weib von unvergleichlich rassiger Schönheit und unaufdringlichem persönlichem Stil. Römisches Profil auf schlanker, graziöser Botticelli-Figur, das dunkle Haar von natürlichem Kupferglanz als freiwallende Mähne geschnitten und von dem großrandigen »Florentiner« umschattet, mit wundervoll sanften Augen und feingeschnittenem Mund, war sie der umschwärmte Liebling der Künstlerwelt.

Sie war berufen, meine Schwabinger Wunde zu schließen. Als ich sie zum erstenmal singen hörte, tauchte vor mir das Gemälde Otto Greiners »Odysseus und die Sirenen« auf. Ich kam mir vor wie der verzweifelte Odysseus, den die Kameraden an den Mast binden müssen, damit er dem sirenischen Harfengesang entkommen und in seinem Boote weiterfahren kann. Indessen, ich brauchte nicht weiterzufahren. Mindestens nicht ohne sie.

Eines Abends beschloß ich, sie nach München zu entführen. Das Motto für diesen Opernstreich ergab sich von selbst: In München blühte gerade der Fasching und sie gehörte als dessen schönste Blüte dorthin! Ich fragte Schickele, ob er mitfahren wolle. Er sah auf seine »sezessionistischen Schuhsohlen«, für die er noch immer keinen Schuster hatte mobil machen können, und meinte, auf dem Fasching würden sie als Maskerade noch am ehesten ihren odiosen Beiklang verlieren – und sagte zu. Anita sprang gleich im Kostüm, wie sie ging und stand, in die Droschke und fuhr mit zum Bahnhof.

So kam ich im Triumph nach München zurück, das ich als geschlagener Knabe verlassen hatte. Der Geist Schwabings hatte mich wieder eingeholt.

Als wir, Anita in unserer Mitte, durch das Siegestor schritten, schenkte mir die Luft der neuen Lebensfreude ganz eigene Gedanken. Gab es auf der Welt noch einmal solch ein friedliches Siegestor? Hier ging es hinein in den Erdteil Schwabing. Müßte man es nicht eigentlich das Siegestor der Lebensfreude nennen? Der berühmte »Marsch gegen die Philister« in Schumanns »Karneval« – er müßte zu seiner Musik in Faschingstagen durch dieses Tor ziehen.

Glanz der Elendenkirchweih

Wir kamen rechtzeitig, um eines der glänzendsten Faschingsfeste mitzufeiern, das Schwabing jemals begangen hat. Glänzend, nun, Herr Großhuber mit der Zweipfünder-Golduhrkette hätte was anderes darunter verstanden. Vielleicht solch ein Fest, wie es 1891 unter dem Motto »Auf dem Meeresgrund« stattfand, wo um das fast lebensgroße Wrack einer versunkenen Galeere sich eine ganze Tiefseelandschaft ausbreitete mit einer geheimnisvollen Tierwelt grotesker Ungeheuer-Saurier, mit einer Nixen-Grotte der schönsten Akademie-Modelle im grünen Dämmerlicht und mit Scharen geheimnisvoller Piraten-Gespenster. Wir Schwabinger waren bescheidener – und doch auch wieder weniger bescheiden. Wir sahen den Glanz in etwas anderem.

Etwa vierzehn Tage wirbelnden Lebens hatten genügt, um Anita mit der gesamten Staffage Münchens bekannt zu machen. Sie wußte weit mehr, kannte sich in der jüngsten Literatur weit besser aus, als ich geahnt hatte, und ein verblüffendes Gedächtnis für Gesichter und Namen, für alles Gesehene und Gehörte, halfen ihr, im Nu zu Hause zu sein.

Als wir, Anita, Schickele und ich, über Geiselgasteig und Höllriegelskreuth nach Pullach kamen und das Isartaler Wirtshaus betraten, wo sich nach Frank Wedekinds Idee ein Schock illustrer Geister – und um sie herum zehn Schock weniger illustrer – zu einer »Elendenkirchweih« zusammenrotteten, empfingen uns bereits wiegende Walzertakte. Über die breitgestuften Terrassen schwebte ein Volk von Korsaren und Bajaderen hin, rote Henker und blaue Matrosen, Prinzessinnen und Grisetten ... Arm in Arm schritten paradoxe Paare dahin, ein sächselnder Doktor Faust mit Kleopatra, Don Quixote mit Gretchen ...

»Du, war das nicht Wedekind selber?« fragte Anita, die als Zigeunerin mit Tamburin in einem roten Hexenkleid ging. Er war es. Im schwarzen Domino, der scharlachrot ausgeschlagen war, teilte er, Arm in Arm mit dem gespenstisch hageren und hohläugigen Grafen Eduard Keyserling, die Menge. Der Graf hatte eben »Beate und Mareile« geschrieben und stand am Gipfel seines Ruhms. »Er sieht wirklich selber so aus wie seine lebenssüchtigen und lebensfröstelnden Grandseigneurs«, sagte Anita. Dort ging Falckenberg, er hatte sich an die Fersen der Reventlow geheftet, die als Lukretia ging, den Dolch dauerhaft im Herzen. Aber sie entkam ihm und hängte sich an einen Pierrot.

Wir gingen am Feldherrnhügel des »Simplicissimus« vorüber, sahen Langen, Heine, Ludwig Thoma, der ganze Redaktionsstab war anwesend. In gemessener Entfernung lagerte der der »Jugend« – getrennte Zirkel einer sich mit feiner Diplomatie vertragenden Konkurrenz ...

»Wer war jetzt das?« fragte Anita, als ihr plötzlich spukhaft ein säbelbeiniger Zwerg mit einem Hopser vor die Füße fiel, »Servus nämlich, schönste Madonna!« rief und gleich wieder verschwand. Ja, wer war das? Es war Asbe. Und wer war Asbe? Ein Malprofessor, eine der drolligsten Figuren Schwabings: ein Zwerg unter einem Riesenschlapphut. Die unvermeidliche Virginia begleitet ihn ständig, so daß man meinen könnte, sie sei ein etwas länger geratener Teil seines struppigen Schnurrbartes. Ein ausgezeichneter Zeichenlehrer übrigens, dessen sehr sittenfreie Schule als Hauptquartier »aller langhaarigen Malschlawiner« unvergessen bleibt ... »Servus nämlich, schönste Madonna!« war sein normaler Gruß, seine Spitzmarke, sein Signal. Daher nannte man ihn auch »Professor Nämlich«. Er hatte sich in Wien ein südöstliches Deutsch angewöhnt und drehte sich den Schnurrbart wie ein Panduren-Wachtmeister, was vielleicht auf Vererbung beruhte, denn von einem solchen sollte er als fehlgeschlagene Miniaturausgabe abstammen. Sein großer Trost war Menzel. »Es gibt mehr Zwerge unter den Großen, als eure Schulweisheit sich träumen läßt«, pflegte er, besonders in Damenkreisen, zu sagen. »Ich erinnere nur an unseren erlauchten Hofzwerg Cuvilliés, der nicht weniger zustande gebracht hat als unser bayrisches Rokoko!« Er hatte mit Cuvilliés zwar nur das Körpermaß gemeinsam, gleichwohl aber hatte er Größe: ein kunst-, wein- und weibbesessener Gnom, war er ein alter Sünder von Weltformat.

Während ich Anita ein ungefähres Bild von Asbe zu entwerfen versuchte, wurden wir durch dröhnenden Chorgesang von unserer Unterhaltung abgelenkt: Eine rote Fahne schwenkend, zog soeben ein Büßermönch mit einer Schar von Flagellanten aus dem Café Stefanie ein ... Dumpf klang ihr Bußchoral »O Misericordia!« ... Aber nicht lange konnte der Zug die Aufmerksamkeit fesseln. Raschen und festen Schrittes kamen hinter ihnen die Elf Scharfrichter im roten Henkermantel, elf Kerle, elf Namen, die damals ganz Europa kannte. »Schau, da Wedekind an der Spitze, da Falckenberg und Hannes Ruch, der Komponist, der feine Robert Kothe – und das ist Gumppenberg ...«

Jemand kam und flüsterte Anita etwas ins Ohr: Rasch verabschiedete sie sich – sie hatte zu tun. Ihre Rolle rief.

Vor einer improvisierten Bühne ging plötzlich der Vorhang auseinander. Das Spiel begann – »Die Elendenkirchweih« ... Sie hatte ihren Namen aus einem kurz vorher erschienenen Drama Wedekinds »So ist das Leben«, worin Frank sich einen porträtgetreuen Doppelgänger im König Nicolo geschaffen hatte. »Vorwärts, Brüder, daß wir die Elendenkirchweih nicht versäumen!« hieß es dort. »Nur einmal im Jahre bietet das Glück uns die Hand!«

»Nur einmal im Jahre« ... das sollte nun hier Wirklichkeit werden. Das aufreizende Reimfanal alles Schwabingertums hatte der Dichter der Lulu ja in seinem »Erdgeist« ausgegeben: »Der eine Held kann keinen Schnaps vertragen, / der andere zweifelt, ob er richtig liebt, / den dritten hört ihr an der Welt verzagen, / fünf Akte lang hört ihr ihn sich beklagen, / und niemand, der den Gnadenstoß ihm gibt. / Das wahre Tier, das wilde, schöne Tier, / das, meine Damen, seh'n Sie nur bei mir!«

Auf der Bühne entfaltete sich aus einem Jahrmarktstreiben von Landsknechten, Landstörzerinnen und Galgenvögeln ein tolles Spiel des Lebenshungers und der Wahnträume, es steigerte sich zu einem Zyklon der Begehrlichkeit und Bereitwilligkeit, und zum Schluß hob sich aus dem allen wie ein Traumgebilde eine tamburinschlagende Tänzerin ... : Anita! Sie wirft sich vor und zurück, dreht sich im Feuerwirbel – »es brauset und sauset das Tamburin, es rasseln und prasseln die Schellen darin« – hingerissen drängt sich die Menge der Zuschauer immer näher zur Bühne hin. Selbst hingerissen, ergreift Wedekind die buntbebänderte Gitarre und schlägt ein paar hetzende Rhythmen – jeder weiß: das »Galgenlied!« – und alle fallen ein:

»Auf dem Dorf und in der Stadt
Schlafen alle Menschen hinter dichtgeschlossnen Fenstern,
Und wer Haus und Bett nicht hat,
Dreht sich unterm Hochgericht mit fröhlichen Gespenstern ...«

Als das Spiel aus war, hatte ich Mühe, die »Schöne Heidin« mit dem Tamburin ihren tobenden Bewunderern zu entziehen. Eine viertel, eine halbe Stunde – und noch immer ebbte der zudringliche Begeisterungstrubel nicht ab. Wir beschlossen, heimlich zu gehen, und schon hatten wir den Weg zum Ausgang gebahnt – da plötzlich kugelte sich wieder ein Etwas vor Anitas Füßen: »Servus nämlich, Madonna, Allerschönste der Schönen! Das wär' ein Modell, ja s o ein Modell! Da tät' der Stuck mitsamt dem Lenbach vor Neid zerplatzen!«

Asbe machte diesmal ernst. Er hatte des holden Weins ein bißchen viel genossen. Der Wirt hatte den Hahn für ihn längst zugedreht; jetzt kam der Athlet mit aufgekrempelten Ärmeln gelaufen, um Asbe auf den Arm zu nehmen, und sein Wolfshund folgte ihm in großen Sprüngen. Man entschloß sich, Anita über abseitige Gänge in ein entlegenes Zimmer zu bringen. Aber Asbe bleibt Asbe ... Kaum haben wir den Rücken gedreht, so pirscht er sich an das Dorado seiner Wünsche heran – nur der Wolfshund hat ihn gewittert und springt in großen Sätzen auf ihn los. Wir hinterher, um gerade noch rechtzeitig den Zwerg aus den Fetzen seiner zerrissenen Hose und aus der Reichweite des Hunderachens in gefahrlosere Höhen zu heben.

Als der fröstelnde Isarmorgen dämmerte, hatten sich die Leidenschaften gelegt. Der bunte Zauber verblaßte, die Wirklichkeit begann überhand zu nehmen. Der sächsische Oberlehrer hatte seine Krotoschiner Kleopatra wiedergefunden. Sie tranken Kaffee, und er schob ihr einen Krapfen in das aufgesperrte Mäulchen. In einer anderen Ecke bohrte sich ein hoffnungsloser Idealist mit vorwurfsvollem Blick in das ironisch-tugendhafte Sphinxgesicht seiner exotischen Märchendame: »Warum kommen S' denn da halbnackert daher, wenn Sie die Männer nicht ausstehen können?« Aus dem Hintergrund aber brüllte ein waschechter Oberbayer, dem das Minnesänger-Barett mit wallender Feder auf dem Ohr saß, als wär's das vertraute Lodenhütl mit dem Gamsbart: »Hierher no a Maß!« Man merkte, der Traum war aus – das waren die Stimmen der oberbayerischen Erde.

Wir wollten mit Falckenbergs und Franziska Reventlow durch den schönen Morgen zur Stadt zurückfahren, aber da hielt uns eine Aufgabe zurück, der sich Anitas mitleidiges Herz nicht entziehen konnte.

Auch der größte Zwerg Schwabings hatte sich inzwischen beruhigt. Nur konnte er sich nicht so, wie er war, ans Licht der Öffentlichkeit wagen. Er hatte seine Hose an einem Stöckchen vor die Zimmertür gehängt – zerrissene Trophäe einer verlorenen Schlacht. Und da war es nun Anita, die sich des guten Stücks annahm. Sie saß auf der Holzbank im Gaststüberl beim duftenden Morgenkaffee und flickte – rührendes Bild – Asbes Hose zusammen. Es hat nicht wenig Zwirn gekostet ...

Asbe selber war nicht mehr zusammenzuflicken. Das Schicksal hat ihm keine Zeit mehr gelassen, Stuck und Lenbach zu übertrumpfen. Kurz nach jener unvergeßlichen Nacht fand ihn die Putzfrau der »Simplicissimus«-Kneipe sanft entschlafen auf der gepolsterten Stammtischbank, wo er berauscht zu übernachten pflegte.

Von einem Größeren aber als Stuck und Lenbach ist ein nachgelassenes Bild als Zeuge der »Elendenkirchweih« im Isartal übriggeblieben: Albert Weisgerber hat sich damit am nächsten Tage die Erinnerung der Nacht von der Seele gemalt: die tamburinschwingende Tänzerin – Anita.

Anita und die Boheme

Anita wurde in jenen Jahren der gute Geist Schwabings, wie es später, nach ihrem Tode, Lulu Fürmann wurde – und sie wurde auch mein guter Geist. Sie wurde meine Frau. So oft ich in den klassischen Geschichten der Montmartre-Boheme blättere, zwei Frauen wie diese habe ich dort nicht gefunden. Gestalten wie »Mimi Pinson« in Alfred de Mussets Novelle – die ja das Urbild für Mimi und Musette in Murgers »Boheme« ist – solche Mimis und Musettes gab es auch in Schwabing genug. Es gab auch hüben wie drüben das bei aller schwabylonischen Verwirrung kreuzbrave, fleißige Frauenwesen, das abends zum Bacchanal schritt, während es tagsüber das Hausmütterchen und nicht selten sogar das Nährmütterchen für sein verkanntes »Genie« machte – aber Anita und Lulu Fürmann blieben einzig.

»Anita, – und nun leere dein anderes Marktnetz!« pflegte ich zu sagen, wenn sie von ihren Einkäufen heimkam und ihre Schätze auf den Tisch ausbreitete. In dem »anderen Marktnetz« brachte sie nämlich die neuesten Schwabinger Geschichten mit – und wieviel Lachen und Fröhlichkeit!

»Du, gestern ist wieder eine tolle Geschichte passiert!« so plauderte sie dann drauflos. »Da hat ein Klempner, der seine Tochter in den Fährnissen des Faschings absolut ungefährdet wissen wollte, sie als Jungfrau von Orléans ins Löwenbräu gehen lassen. Er hat ihr eine Blechrüstung gemacht, die von oben bis unten und von hinten bis vorne geschlossen war.« »Das ist freilich ein Schutz für ›la Pucellé!‹ »War doch keiner!« »Nanu?« »Der Verehrer, der sie heimbegleitete, hat sich vorher in der Küche für ein paar Zigaretten einen Konservendosenöffner geben lassen« …

Selbst von Krankenhaus-Besuchen brachte sie derlei lustige Geschichten mit. »Denk' dir, der Klapper – du weißt doch, wen ich meine?« »Ja ja, der lange dürre Klapper, der Gschwürlmaler.« »Ganz richtig, der ist dieser Tage krank geworden. Irgendeine belanglose Sache, aber 'n bißchen langweilig. Da kommt die Tochter eines Patienten aus der Chirurgischen Klinik zu ihm gerannt und will ihn dringend zu einem Auftrag holen. In der ›Chirurgischen‹ warte ihr Vater mitsamt dem Chefarzt darauf, von dem Herrn Spezialisten Klapper gemalt zu werden – weiß ja, soll heißen, sein Karfunkel warte. Ärzte wollen sich ja solche Meisterwerke der Natur keinesfalls entgehen lassen. Klappers Pinsel soll es verewigen. Aber Klapper konnte von seinem Doktor nicht freigelassen werden, sondern er mußte noch drei Tage in der Klinik bleiben. Die Tochter war darüber untröstlich. Und was meinst du, was der Klapper ihr gesagt hat? ›Aber san S' doch stolz!‹ sagte der Klapper. ›Wenn die Natur Eahnern Herrn Vatta so an Koh-i-noor von Karfunkel g'schenkt hat, soll er doch froh sein und ruhig warten. Weg ist er nacha schnell, wenn die Herrn Ärzte drüberkommen, und was bleibt eahm dann von der ganzen Herrlichkeit? Nixen. Also, i kimm scho – und nacha soll er an mir an echten Rubens ham‹!«

Dieser Klapper war durch seine Länge und durch eine gewisse Ähnlichkeit zum Darsteller Ludwigs II. prädestiniert, des im Volke vergötterten Märchenkönigs, der, im Starnberger See ertrunken, in der Phantasie um so unsterblicher weiterlebte. Ich habe Klapper ein paarmal in der Rolle erlebt. Er spielte sie im Rahmen der »Vorstadthochzeit«. Der Bayer liebt es ja, in seine Festsäle eine Bühne einzubauen, und sei sie noch so klein, um dort auf dem Höhepunkt der allgemeinen Festfreudigkeit ein bodenständiges Stück zu spielen. So hielt man es auch bei den Festen in der Schwabinger Brauerei. Der lange dürre Klapper sah auf der kleinen Bühne noch klapperdürrlänger aus; aber gerade das machte den Märchenkönig-Auftritt, bei dem mit Posaunenstößen und bengalischer Beleuchtung nicht gespart wurde, so urkomisch. Es war der Geist des Marionetten- und Metamorphosentheaters, der da plötzlich auf der Bühne üppig erblühte. Die Phantasie feierte wahre Orgien. Da sitzt eine Bauernfamilie im Herrgottswinkel – der Kanari fliegt aus dem Käfig heraus der jüngsten Tochter auf die Schulter – die ganze Familie füttert den Vogel – er fliegt zum offenen Fenster hinaus – da hört man Schlittengeläute – es ist also trotz offenen Fensters tiefer Winter – die Tür geht auf – ein Lakai tritt ein, ganz in Silberflor und eine weißblaue Rautenfahne gehüllt – Posaunenstöße – der Lakai brüllt: »Der Kini!« – und herein tritt ein hoher Herr in langem Mantel und riesigem Schlapphut, der in der Rechten die Bourbonische Lilie hält – auf der Lilie sitzt der Kanari, der laut zu zwitschern beginnt – die Tochter kniet nieder und nimmt untertänigst den Kanari in Empfang – der hohe Herr wirft den Mantel ab und steht unter erneuten Posaunenstößen in Lohengrinpracht und bengalischer Beleuchtung da – und alle fallen vor ihm auf die Knie: »Hoch unser Kini! Hoch!« – Die Art, wie der lange Klapper dabei die Augen überirdisch über das niedere Erdenleben hin- und herrollen ließ, ist mir unvergeßlich geblieben.

Nicht ohne Grund fällt mir hierbei ein, daß ich Anitas Erzählung unterbrochen habe. Sie hatte sich spaßeshalber in den »Gothaischen Adelskalender« versenkt. Sie wußte auf Anhieb, wie der Prinz von Kalabrien mit der Herzogin von Limerick verwandt war und in welchem Neffen- oder

Vettern-Verhältnis zu dieser wiederum ein Großfürst von Rußland stand. Daher liebte sie denn auch besonders die Münchner Hofgeschichten. Sie wußte genau, welcher Künstler neuerdings vom Prinzregenten mit der »Allerhöchsten Auszeichnungs-Zigarre« bedacht worden war (übrigens einer recht schlichten Brasil für dreißig Pfennig, die aber der Kammerdiener in der Kiste wie auf einem Ordenskissen hinter dem Prinzregenten her zu dessen Atelierbesuchen mittrug). Die Geschichten, die dem kunstsinnigen Alten mit seinen Künstlern passierten, setzten sich mühelos fort. Luitpold war ja, wie sein Vater, König Ludwig I., ein Frühaufsteher, was man von den meisten jungen Künstlern nicht sagen konnte. Hatte nun dem alten Herrn ein Werk in einer Kunstausstellung besonders gefallen, oder war ihm ein Künstler von seinen Beratern empfohlen, dann pflegte er überraschend frühmorgens das heranwachsende Genie zu besuchen, um ihm die Auszeichnungs-Zigarre zu überreichen. Da kam es nicht selten vor, daß ein Morgenschläfer in Unkenntnis der Dinge vom Bett aus über die unzeitgemäße Störung fluchte und wetterte und erst, wenn der Kammerdiener mit energischem Klopfen unerbittlich blieb, entsetzt des Rätsels Lösung erfuhr. Denn meistens gab es bei dem Besuch außer der Zigarre auch einen sehr schönen Auftrag. »Heut' hat der Prinzregent mal wieder richtig gelacht!« ... pflegte Anita ihre diesbezüglichen Geschichten einzuleiten. »Denk' dir, was dem X. passiert ist!« Als Luitpold neben dem heftig hämmernden Kammerdiener wartete und, das Ohr nahe der Tür, in die Tiefe des Ateliers lauschte, riß der X. plötzlich die Tür auf und brüllte: »Mei Ruah mecht i ham, mei königlich boarische!« – um dann im nächsten Augenblick entsetzt seinen Besucher zu erkennen.

Einmal hatte ein Bildhauer, der die Auszeichnungs-Zigarre unter einem Glassturz aufbewahrte, um sie Kindern und Enkeln zu vererben, das Pech gehabt, daß sie beim hausfraulichen Staubwischen samt Glassturz heruntergefallen und schwer lädiert worden war. Da setzte sich der unglückliche Künstler hin und schrieb eine submisseste Eingabe an das Hofmarschallamt um Ersatz, und tatsächlich wurde er mit einer Ausgleichs-Zigarre samt Allerhöchstem Handschreiben bedacht.

Gelegentlich erwischte Luitpold bei seinen Frühbesuchen wohl auch einen Künstler mit einem Modell, das rasch hinter einen Wandschirm flüchtete. Seinen geübten Weidmannsaugen entging das aber nicht, und dann meinte er wohl augenzwinkernd zu dem jungen Künstler: »Ei, ei, schon so früh bei der Arbeit?«

Manchmal war das Lachen nicht auf der Seite des Regenten, sondern auf der anderen. So bei dem Frühbesuch, den er einmal am Neujahrsmorgen Professor Heinrich Waderé machte, der an einer Büste Luitpolds arbeitete. Der Fürst setzte sich in den Modellsessel. Der von der Sylvesternacht ermüdete Künstler fing an zu arbeiten – nicht gerade begeistert, wie man sich denken kann, aber er faßte sein hohes Modell immerhin doch so weit ins Auge, um zu bemerken, daß der Vollbart immer tiefer auf die Brust sank. Was tat er? Er legte die Arme vor die Büste, ließ den Kopf ebenfalls sinken und schlief ein … Nach zwei Stunden, der zugemessenen Zeit der Sitzung, fand der Kammerdiener beide schlafend und schnarchend.

Und dem Leo Samberger, der damals noch stürm- und drängerischere Porträts malte als später im abgeklärten Alter, sagte er, sein fertiges Bildnis betrachtend: »Na, wissen S', ganz so ähnlich hätten S' mi wieder net zu malen brauchen!«

Doch davon genug. Nicht immer lagen die Geschichten Anitas auf der Linie der reinen Plauderei; sie hatten oft einen recht realen Gehalt. So muß ich gestehen, daß ich durch sie viel Menschenkenntnis erworben habe. Vielleicht können Männer überhaupt nur durch den Blickwinkel der Frauen die richtige Menschenkenntnis erwerben? Sie war es, die mir die Augen für das Phänomen Wedekind öffnete, an dem ich lange vergebens herumgedacht hatte.

Wedekind, das war auch mir zunächst die verkörperte »Dämonie«, der große Abenteurer, der »Epateur des bourgeois!«, der ausgemachte »Diaboliker«, der den Allmachtsdünkel eines geruhsamen Protzentums aufschreckte. Die Fahrten, die ihn als Zirkusartisten im grünen Wagen durch alle Welt getragen hatten, hingen ihm in meiner Vorstellung wie ein Zaubergespinst an; die Bekanntschaften mit Ringkämpferinnen und Schlangenbändigerinnen gaben ihm ein unaussprechliches Air. Seit ich ihn zum erstenmal bei den Elf Scharfrichtern gesehen hatte, stand sein Bild unverändert in solch dämonischem Lichte vor mir. Bis eines Tages Anita in einem Gespräch dazwischenfuhr: »Ach was, das ist alles Unsinn! Er ist ja so bequem! Im Grunde seines Herzens ist er selbst ein Bourgeois! Er ist ein ›maskierter Herr‹ wie jener andere in ›Frühlingserwachen‹! Schau mal, wie er sonntags mit Frau und Kind im feiertäglichen Staat spazieren geht, ein guter Familienvater, ein braver Ehemann!« Ich wollte damals nicht glauben, was sie erzählte: daß der dämonische Frank nichts so sehr hasse als unnötige Bewegung – wenigstens für seine Person. So lasse er zu Hause Frau und Tochter fleißig kugellaufen und balkenschreiten, während er bequem im Lehnsessel sitze und zuschaue … Aber in der Tat, trug er denn nicht – und zum erstenmal sah ich das bewußt – ein ansehnliches Bäuchlein vor sich her?

Von da an kam ich auf die »richtige Fährte«. Erfuhr, daß Wedekinds Zirkusleidenschaft und -phantasie eine ausgebaute Kindheitserinnerung war an die Besuche, die das fahrende Volk im grünen Wagen dem Städtchen seiner Kindheit, Lenzburg in der Schweiz, abgestattet hatte. Und hörte, wie sein Freund, der Artisten-Maler Rudinoff, Franks abenteuerliche Zirkusfahrten ausdrücklich abstritt.

War er ein Frauenheld? Nein, er gab sich nur so, mit Rücksicht auf sein Renommee. War er wirklich überheblich, wie man sagte? Nein, er tat nur so. Und was das berühmte dämonische Lächeln anging, mit dem er mich so oft bezaubert hatte, jetzt fing ich wirklich an, Anita Glauben zu schenken, wenn sie sagte, es rühre von seinem Gebiß her ... Dieses sitze nicht sehr gut, und er müsse es gelegentlich immer wieder mit den Lippen fest anziehen ... Diese Version wurde mir dann bestätigt durch die Geschichte, die einer der Unsern von Thomas Theodor Heine hörte. Als Heine mit Wedekind auf Festung saß, war der Kommandant gerade dazu gekommen, als Wedekind sein schadhaft gewordenes Gebiß mit einem Zwirnfaden zusammenflickte. Rasch schob er es, seiner Pflicht zur Repräsentation – gerade vor dem Staatsvertreter! – bewußt, an den Standort des satanischen Lächelns zurück. Aber siehe da, da hing aus dem Mundwinkel der Nähfaden heraus. Es soll kein sehr dämonischer Anblick gewesen sein.

Doch von all dem abgesehen, war und blieb er unser »Elementarster«, der Dichter der »Lulu« und der »Pandora«. Er war der echteste Genius seiner verworrenen Zeit. – Bewundernswürdig war er in seiner Sicherheit und Schlagfertigkeit – nicht so sehr auf der Bühne und auf dem Podium, wo er manchmal ein wenig linkisch wirkte und sich dem prasselnden Applaus fast geniert entzog, als vielmehr in der Wirklichkeit. Da konnte er mit Hilfe blitzschneller Reaktionen Antworten loslassen, die wie der Peitschenknall eines Dompteurs wirkten. Anita hatte solche Freude daran, daß sie sich viele – wie es auch Franz Blei getan hat – notierte. Als er einmal eine äußerst kokette Ministerialrätin zur Tischdame hatte und sie mit herzgewinnendem Lächeln meinte: »Ich glaube, ich werde alt«, antwortete er: »Wie recht Sie haben, gnädige Frau!«

Einem Kommerzienrat, der vom Gang der Geschäfte enttäuscht war und jammerte: »Wenn das so weiter geht, hänge ich mich noch auf«, erwiderte er: »Ich würde es nicht zum Äußersten kommen lassen und das gleich tun!«

Tilla Durieux, die nach einer Premiere sagte: »Um die Cleopatra richtig zu spielen, muß man jung und schön sein!« bekam zur Antwort: »Tilla, Sie haben das Gegenteil bewiesen!«

Auch in dem, was der Amerikaner den »practical joke« nennt, war er ein Meister. Mit seinem Kollegen Max Halbe leistete er sich die schönsten

Stücke. Ich weiß nicht mehr, ob es Halbe war, dem er nach einem Besuch im Krankenhaus schrieb: »Ich konnte feststellen, daß Sie sehr schlecht aussahen. Das hat mich gefreut. So besteht doch die Hoffnung, daß Sie bald von Ihrem Leiden erlöst werden« – jedenfalls aber waren die beiden durch Jahre herzlich miteinander befeindet. Jeder hatte ja ein Stück zur dramatischen Situation der reifenden Jugend geschrieben, Wedekind »Frühlingserwachen« und Halbe seine »Jugend«, das verziehen sie einander nicht. Bei einer neuen Premiere Halbes verabredete Wedekind mit ihm, daß man sich bei einem Erfolg in der Torggelstube treffen würde, bei einem Durchfall aber in der Hofbräuhausschwemme. Als der Abend zu Ende war, saß nun Halbe in der Torggelstube fast mutterseelenallein am bestellten Sekttisch, während Wedekind die ganze Premierengemeinde wie einen Kometenschweif hinter sich her zu den HB-Maßkrügen schleifte.

Bei der Begebenheit mit dem russischen Hofrat übertrumpfte Wedekind uns alle spielend. Der alte Herr war ein Freund des Esprit, wie ich noch keinen gekannt habe. Seine reichliche Monatsrente setzte ihn in den Stand, der Freude am Geist klingenden Ausdruck zu geben. Ein Bonmot, eine geistreiche Antwort, ein feiner Witz – und man war unversehens sein Gast. Hatte er einem von uns eine größere oder kleinere Summe geliehen, so war sein Takt auch bei längerer »Vergeßlichkeit« sprichwörtlich. »Da können Sie sich ein Beispiel an unserem russischen Hofrat nehmen!« pflegten wir zu sagen, wenn einer unserer Manichäer allzu nachdrücklich wurde. Eines Abends kam der vortreffliche Mann an unsern »Simpl«-Stammtisch und fand uns ziemlich verdrossen vor halbleeren Gläsern mit Schorle-Morle sitzen. Er merkte sofort, daß bei uns tiefste Ebbe war. Da überlegte er nicht lange, sondern lächelte mit der gespielten Verlegenheit, die Gustl Weigert so trefflich nachzusprechen verstand: »Ich bitte die verehrten Herrn tausendmal, meine Vergeßlichkeit zu entschuldigen. Neulich, als ich plötzlich verreisen mußte und meine Brieftasche nicht bei mir hatte, war jeder der Herren so gütig, mir mit einem Zehnmarkstück auszuhelfen. Darf ich Ihnen meine Schuld heute erstatten?« Er machte die Runde von einem strahlenden Gesicht zum andern und drückte in jede Hand ein Goldfüchslein. Als er zuletzt bei Wedekind ankam, sagte dieser mit entwaffnendem Lächeln: »Verzeihen Herr Hofrat, aber Sie erinnern sich gewiß, daß mein Guthaben zwanzig Mark beträgt?« Niemand zuckte mit der Wimper, auch der Hofrat nicht – es war ein Einfall, der ihm zehn Mark mehr wert war.

Solche kleinen Scherze erzählten wir uns oft droben in der Atelierwohnung des Marquis Franz de Bayros, der damals als Illustrator galanter Bibliophilie Weltruf genoß. Da oben war alles Bild – auch der Fensterblick auf den Englischen Garten mit dem Monopteros. Als wir an einem Sommerabend wieder einmal bei Bayros saßen, unser Fensterbild »Mondschein überm Monopteros« vor uns, sagte der Marquis zu meiner Frau: »Ich habe schon viele Mädchen und Frauen mit dem Stift und der Radiernadel festgehalten; haben Sie bemerkt, daß Manon Lescaut einige Ähnlichkeit mit Ihnen hat?« »So eitel bin ich nicht«, antwortete Anita. »Aber wenn Sie es sagen, dann würde ich also, nachdem Schickele mich literarisch konterfeit hat, nun auch in die Geschichte der Graphik eingegangen sein.« Als ob er ganz daran vorbeigehört hätte – wirklich konnte er plötzlich wie geistesabwesend in irgendeiner Entlegenheit untertauchen – antwortete Bayros: »Sie müßten gemalt werden. Wer Sie sind, das kann nur der Pinsel sagen!«

So kam es, daß der Marquis Anita gemalt hat, auf der letzten Höhe ihres Daseins, zu jener Zeit, wo sie in den Alleen des Bavariaparks und auf der Terrasse des Ausstellungsrestaurants das Aufsehen der Münchner erregte und bei den Erstaufführungen im Künstlertheater Huldigungen einheimste. Damals hielt die führende Künstlergenossenschaft von Paris in München ihren Jahreskongreß ab, und in diesem international gesteigerten Leben hob sie sich wie auf einer Woge. Wie gern ließen sich ihre italienischen Landsleute und die Pariser Künstler von ihr die Schönheiten der Stadt und des bayrischen Kunsthandwerks zeigen, in die bajuwarischen Herrlichkeiten des Oktoberfestes einweihen oder aber auch in die Geheimnisse der Schwabinger Boheme einführen. Denn sie empfand diese – so sehr sie als Dame in diesen Jahren darüber hinaus wuchs – doch immer als ihre geistige Heimat. Warum wohl? Weil sie fröhlich war. Liliencron hat damals ein Gedicht geschrieben mit den Versen: »Tausend schwarze Krähen, die mich umflatterten auf allen Wegen, entflohen, wenn sich deine Tauben zeigten, die weißen Tauben deiner Fröhlichkeit.« So durfte ich von Anita sagen. Aus der Fröhlichkeit ging ihre Güte hervor, diese herzhafte, tätige Frauengüte, die ja mit zu den geheimeren Zügen auch der Boheme gehört. Selbst kinderlos, wurde sie die sorgende Pflegemama vieler Kinder, kleiner und ausgewachsener. Wie mancher Bohemien, der sich die Woche über gerade noch eben durchfrettete, wartete auf den Samstagnachmittag, wo Anita ihre berühmten hundert Krapfen auf den Kaffeetisch stellte! Und wie mancher Geniestreich ihrer Erfindung rettete uns, wenn wir wieder einmal im Wrack gestrandeter Hoffnungen saßen und nach Hilfe Ausschau hielten!

Das rettende Manna

Eine Theorie spekulativer Psychologie, die mir im Umgang mit Anita gekommen ist, geht dahin, daß Güte, wahre Güte, immer irgendwo im Geheimnisvollen eine Helferhand hat.

Ich denke dabei nicht so sehr an ihren Orangen-Zauberakt; aber auch er gehört hierher und will erzählt sein. Wieder einmal war Fasching, und wieder einmal war kein Geld da. In unserm gesamten Künstler-Territorium keines. Was tun? Nächsten Samstag steigt im »Deutschen Theater« das klingendste Mammonfest der Großkopfeten. Dorthin wird Anita gehen. Aber wie? Da kann man zwar viel Geld loswerden, aber keins einheimsen. Sie lächelt. Sie nimmt ein Armband – sie wird zum Leihamt gehen und es versetzen. Vom Leihamt geht sie zum Viktualienmarkt und kauft mit dem Erlös einen Korb der prachtvollsten Orangen, die sie auftreiben kann. Und mit diesen geht sie in ihrem römischen Kostüm auf das Fest und inszeniert eine Orangenversteigerung. »Avanti, Signori ...« Einer rafft seine Bröckchen Italienisch zusammen: »Quanto costa?« und sie tut so, als müßte sie deutsch radebrechen: »Was kosten? Meine Erren, wir anfangen bei zwei Mark. Due Mark zum Ersten –«»Drei Mark!« »Va bene! Drei Mark zum Ersten –«»Vier Mark!«»Du sein guter Err, du feiner Err! ... Vier Mark zum Ersten ...«»Fünf Mark!«»Fünf Mark. Sein dies der feinste Err?« – Und so steigerte sie ihren Korb leer, das Armband konnte eingelöst werden, und unser diesjähriger Fasching war gerettet. Eine Nachbarin, die ihr das Kunststück nachmachen wollte, saß am nächsten Morgen weinend neben ihrem vollen Korbe, und die ganze Familie mußte sich tagelang einsetzen, um dem Tempo der faulenden Orangen zuvorzukommen ...

Aber nein, es gilt die Geschichte von der Helferhand zu erzählen. Wieder einmal – zum wievielten? – hatte man durch großzügig organisierte Umfragen festgestellt, daß in keinem Kämmerchen unserer weitverzweigten Künstlergemeinschaft Geld vorhanden war. Raum war in der kleinsten Hütte für ein Schwabinger Paar, aber nicht für einen Taler oder gar ein Fünfmarkstück; die mußten nach kurzem Besuche wandern ... Anita, der helle Kopf für alle, dachte nach; aber nur mit dem Erfolg, daß es in ihr immer düsterer wurde.

Da, eines Morgens, sie will mit der Kanne zum Milchholen gehen (bei unserer Milli-Millionärin kann man die Schulden im Bücherl ins Grenzenlose wachsen lassen), stutzt sie an der Schwelle: – da liegt eine Schachtel Keks. Hat jemand verloren! denkt sie, und im Husch hebt sie das Göttergeschenk auf. Aber da – an der nächsten Tür: schon wieder eine Schachtel! Sie blickt hinunter ins Treppenhaus, eilt treppabwärts: überall Keks! Im ersten Stock, bei dem Ehepaar Wamperl, Schweinefleischexport und -import en gros, hat man sogar, offenbar mit Rücksicht auf das Volumen des Ehepaars, zwei Päckchen hingelegt. – Eine Keksfabrik hat eine großzügige Einführungspropaganda gestartet.

Wie schön, daß in der holden Morgenfrühe alle Menschen schlafen. Warum sollte die Propaganda bei den Leuten im ersten Stock eigentlich weniger wirksam sein als bei den Schwabingern im vierten Stock? Schleunigst wurde die Einholtasche und ein Rucksack hervorgesucht und in kurzer Zeit ein tatkräftiger Sammeldienst auf die Beine gebracht. O rettendes Manna! Unser Enthusiasmus für Keks kannte keine Grenzen. Die gesamte Propaganda wurde in die aufnahmebereitesten Kanäle gelenkt. Merkwürdig, kurz darauf wechselte die großzügige Firma das Revier; aber auch das neue Viertel wurde in Bewirtschaftung genommen. Da es sich um ein sehr feudales Viertel handelte, brachte man volle Rucksäcke heim zum Frühstückstisch. Indessen, die Firma muß irgendwie dem allzu hundertprozentigen Erfolg ihrer Werbemaßnahmen mißtraut haben: Eines Morgens in der Frühe trat aus einer Tür, die mit einem »Spion« versehen war, ein Privatdetektiv, gleichsam als Prologus des berühmten Nachspiels, das solche Affären zu haben pflegten.

Die Juristen hatten kein leichtes Spiel, die Schwabinger hatten ein leichteres gehabt. Es war härter, auf Paragraphen zu kauen, als auf den vorbildlich gebackenen Keksen. Wir, Täter wie Helfershelfer, versäumten keine Gelegenheit, immer wieder auf die vorzügliche Qualität der Kekse hinzuweisen, die einfach unwiderstehlich gewesen seien. Zu allem Überfluß sahen sich die Juristen zwischen Paragraphen eingeklemmt; sie konnten sich nicht darüber einig werden, wessen Eigentum nun eigentlich die vor die Türen gelegten Päckchen gewesen waren. Sie gehörten offenbar nicht mehr der Firma und noch nicht dem Wohnungsinhaber. Sie waren Gemeingut, mit Absicht denen bestimmt, die sich die appetitliche Werbung zu Gemüt führen ließen. Hungrigere und dankbarere Genießer aber als die Schwabinger konnte sich der liebenswürdige Spender gar nicht wünschen. Es kam noch hinzu, daß der Schwabinger Keks-Prozeß zum Gaudium für Stadt und Land wurde; die Firma war uns als ihren besten Werbefachleuten eigentlich Dank schuldig – und so endete der Prozeß mit einem gütlichen Vergleich. Es war für alle ein »gefundenes Fressen«.

– Der Marquis von Bayros hat Anita gemalt. Und bald verblieb mir nur dies Bild von ihr. An ihrem frühen Grabe sah man das sonst so gern ironische Schwabing weinen. Als die meisten schon auseinandergingen, kam noch eine kleine puppenhafte Tänzerin herangeschwebt, eine Freundin von ihr aus leichten Faschingstagen. Sie legte einen großen Strauß weißer Rosen auf den Blumenhügel – und seltsam, ich hörte, wie sie die Worte flüsterte: »Die weißen Tauben deiner Fröhlichkeit« ...

Die berühmteste Pension Europas

Wie ein Weltenbummler Schwabinger wurde

Heute ist Sommerfest in der Pension Fürmann!« kam eines Tages ein Anruf von Freund Maisel. »Du mußt mitkommen!«

Der alte Kommerzienrat Braun von den Fliegenden Blättern soll das Telefon abgeschafft haben, so erzählte man sich damals in München, weil es aus dem Hörer zog. ... Bei jenem Anruf aber kam mir geradezu ein Mistral aus dem Hörer entgegengeblasen. Ich flog und sprang im Zimmer herum, suchte nach Sachen, die überall greifbar herumstanden oder lagen, ich war in heller Aufregung. Ohne eigentlich Genaueres von Fürmann und seiner legendenumwobenen Park-Pension zu wissen, war ich doch durch den bloßen Gedanken an diesen Abend wie elektrisiert. Es gibt solche Vorgefühle. Und dieses sollte nicht trügen.

»Die Pension« – das war Schwabings Hochburg, und ihr Majordomus war alles andere als ein zugänglicher Herr. Er hielt sich »die Leute« vom Leibe und ließ die Zugbrücke, sozusagen, nur herunter für – Menschen.

»Sag mal, stimmt das, daß seinerzeit, als die Oberholzers aus der Schweiz kamen und das Grundstück neben der Pension kauften, Fürmann einen festgeschlossenen Lattenzaun zwischen sich und ihnen errichtete?« »Stimmt schon.« »Aber es waren doch schließlich Künstler, – also Anverwandte?« »Macht nichts. ›Sie können ja, Herr Oberholzer, wenn es irgendwas gibt, auf dem Umweg um den Garten herum zu uns kommen‹, das war Fürmanns äußerste Konzession. Er war der Ansicht, daß man an niemand vorsichtiger heranwachsen soll als an Nachbarn. Allerdings hat es eines Tages ein großes Gelächter gegeben. Da überraschte Oberholzer seinen ›Buffalo Bill‹ dabei, wie er eigenhändig in den Lattenzaun eine Bresche schlug, – auf daß der Direktverkehr aufgenommen werden könne.«

Der Name Buffalo Bill reizte meine Neugier. Während wir zum äußersten Ende der Belgradstraße hinausschritten, die ehedem »Am alten Türkengraben« geheißen hatte, ein Name, der an die Zeiten des bayrischen Barocks erinnerte und irgendwie zum genius loci der Pension gehörte, berichtete mir Maisel einiges über die sagenumwobene Figur von Henry-Heinrich Fürmann. »Buffalo Bill stimmt natürlich nicht. Eigentlich müßte man ihn ›Sindbad den Seefahrer‹ nennen oder ›Tramper den Weltenbummler‹. Du kannst den Globus nirgends antippen, wo er nicht mal gewesen ist, es sei denn an den beiden Polen. Er hat Kap Horn umsegelt, Shanghai unsicher gemacht, in Kalifornien eine originalechte Wildwestfarm gehabt und wäre wahrscheinlich noch heute drüben, wenn nicht – aber ich muß die Geschichte doch von vorn erzählen.

Sie beginnt wie die mancher berühmter Leute in einer Apotheke. Er entfloh als Lehrling seinen Pillen, um Seemann zu werden. Er traf in Hamburg just zur Cholerazeit ein, wo er Kindersärge tragen mußte, und fuhr dann nach seinem Traumland Indien, wo er schnurstracks in eine Pestepidemie geriet. Mit den Hafenkulis in Arbeitskonkurrenz zu treten, schien unserem künftigen Schwabinger nicht eben ratsam, und so finden wir ihn bald danach auf den üblichen Pfaden der amerikanischen ›Tramps‹ oder als blinder Passagier auf dem Dach eines Pazific-Expreßwagens – ein echter Landstraßenbruder Jack Londons.

Endlich bot ihm eine Farm im Goldenen Westen Ruhe, Arbeit und Herdfeuer. Und hier ereilte ihn eines schönen Tages das Testament seines verstorbenen Onkels, der – auch ein Sonderling! – den verschollen geglaubten Neffen zum Erben eines stattlichen Grundstückes in Schwabing eingesetzt hatte. Fürmann ergriff die willkommene Gelegenheit zu neuer Luftveränderung, verwandelte sich aus dem kalifornischen Mister Henry in einen Schwabinger Heinrich und sah sich am Schauplatz seiner Schicksalsbestimmung um. Betrachtete vor allem mit wildwestlichem Kennerblick den ererbten Pferdestall mit anschließendem Garten, schnupperte mit feiner Nase die Luft Schwabings und muß sie erträglich gefunden haben. Denn er setzte sich hin, schnallte den Tomahawk ab und stopfte sich gleich eine Friedenspfeife. ... Ja, so ist es zur Pension Fürmann gekommen. ...«

Wir waren unterdessen angelangt und traten in den Garten ein. Ich erblickte zu meiner Überraschung ein nur ebenerdiges Haus mit niedrigem Obergeschoß. Maisel zog an der Kuhglocke, deren baritonales Geläut mir später noch so oft ins Ohr klingen sollte, und mit ausgebreiteten Armen trat Fürmann aus der Tür. Ein sonnengebräuntes, großausgebautes Seemannsgesicht mit kräftiger Kinnlade. Ein verläßlicher Händedruck. Ein paar freundliche Worte – und ich wußte: Meine Aufnahmeprüfung war bestanden.

Bald ging ich mit diesem oder jenem Festgast im Haus und im Garten umher und ließ mir erzählen, wie dies Wunderwerk geworden war. Es war damals noch das goldene Zeitalter, wo man im paradiesischen München so gut wie umsonst lebte und in den Trödlerbuden der Auer Dult für einige bare Mark fürstliche Ausstattungen erstehen konnte. Die Bekanntschaft mit einem geistverwandten Kunstmaler hatte den unternehmenden Universalerben des Schwabinger Pferdestalls auf den genialen Einfall gebacht, eine Unterkunftsstätte für Kunstjünger beiderlei Geschlechts zu eröffnen. Er entdeckte seine Begabung als Innenarchitekt, gestaltete das ganze Haus von oben bis unten eigenhändig um, tapezierte alle Räume selber und stattete sie mit echten Biedermeiermöbeln aus. Diese reizvollen dünnwändigen Zimmerchen von Streichholzschachtelgröße, diesen Speise- und Tanzsaal mit der dämmerigen Kerzenbeleuchtung an der niedrigen Decke, all das hatte Fürmann mit der improvisierenden Findigkeit des echten Wildwestfarmers selbst gebaut. Auch den herrlichen Fliederpark hatte er umgestaltet und die kleinen kühlen Rasenplätze mit Statuen geschmückt. Daneben aber hatte er auch einen geräumigen Gemüsegarten angelegt, wo neben allen Früchten der Jahreszeiten auch der üppige Rhabarber wuchs, das Hauptingredienz der berühmten, nach Geheimrezepten gebrauten Fürmann-Bowle. Dazu kam ein Ziegenstall, eine Gänsezucht und ein Hühnerhof. ... Das war die wohlgegründete Erdenbasis für die Wirtschaftspolitik Vater Fürmanns. Viele hochschießende Genieträume wären ohne sie jämmerlich zugrunde gegangen.

»Aber wenn ich mir das überlege, müssen doch manchmal auch recht unbequeme Kunden unter den Gästen sein?« fragte ich einen Mentor, der sich ziemlich auskannte. Als witziger Mann lächelte er nur, nahm mich beim Arm und führte mich in den Speisesaal zurück, wo in der Ecke ein Klavier stand. »Bitte, da steht die Lösung aller Probleme!« Ich sah in der Ecke neben dem Klavier einen handfesten Ochsenziemer stehen, oberbayrisch Ochsenfiesel genannt. »Damit trifft Papa Fürmann seine Auslese, das heißt, er trifft diejenigen, die nicht zu der Auslese gehören sollen. Höchst einfach, nicht wahr? Aber die Gerechtigkeit gebietet hinzuzufügen, daß der Ochsenfiesel nur die ultima ratio unseres Hausvaters ist. Henry-Heinrich dürfte wohl der einzige in der Welt sein, dem regelrechte Schlawiner folgsam aus der Hand fressen. Er ist sowas wie der Pestalozzi Schwabings – ein hintergründiger Erzieher. Ich habe die unheilbarsten Gemütsanarchisten unter Tränen und Besserungsversprechungen um die Wiederaufnahme in die Fürmann-Familie wimmern und betteln sehen. Und ich war dabei, wie ein richtiger Balkandichter nach mehrjähriger Verschollenheit, von Heimweh und Dankbarkeit getrieben, plötzlich wieder die Kuhglocke am Brettertürchen zog, um eine zurückgelassene Schuld zu begleichen.«

Ich mußte lachen und setzte mich auf den Klavierschemel, um meine Stimmung mit ein paar Akkorden zu unterstreichen. »Ein bißchen verstimmt!« meinte ich. »Wie? Verstimmt? Nun ja, stehen Sie erst mal als empfindsames Klavier einen Winter lang in Regen und Sturm, Eis und Schnee, dann werden Sie auch verstimmt sein.« Und nun hörte ich meine erste Pensions-Anekdote. In einer fliederduftenden Mainacht hatten die Festgenossen den alter Klimperkasten in den Park hinausgeschoben, damit ein italienischer Virtuose draußen bei dem Faunsbrunnen die Nymphentänze einiger Duncan-Schülerinnen begleite. Das war sehr schön gewesen, so schön, daß hernach niemand daran dachte, das Klavier wieder in seine Ecke zurückzuschaffen. Als mit dem Herbst die Serie der Sommerfeste zu Ende ging, waren unsere Schwabinger für diese Schwerarbeit zu faul. So wurde das Klavier nur mit einer alten Sackleinwand notdürftig zugedeckt und blieb den ganzen Winter über draußen stehen. Bis der Fasching kam mit seinen neuen Dauerfesten. Da mußte es wohl den Standort wechseln. Die Tanzwütigsten nahmen ihre Kräfte zusammen und holten den alten Kasten feierlich zurück auf seinen Ehrenplatz in der »Balkan-Ecke«. Ein kleiner Maler, Bukowina genannt, war der erste, der den Mut fand, den Deckel aufzuklappen und ein paar Akkorde anzuschlagen. Aber siehe da: Winterstürme wichen dem Wonnemond! – der Klavier-Kadaver erwachte und klang! Es wurde ihm warm im altgewohnten Tanzgewurl. In ganz Schwabing sprach sich das Wunder herum. Die Piano-Firma erfuhr davon und wollte das einmalige Paradestück für eine Groß-propaganda einholen. Aber Fürmann gab den treuen Kameraden nicht für teures Geld her, und so stand er als vielbewunderter Anekdotenheld noch immer in der »Balkan-Ecke«. Hier hatte die Tischgemeinschaft der Balkanesen ihren Platz, und da stand auch der Ochsenfiesel.

Was hätte mir besser angestanden, als bei Vater Fürmann Pensionsgast zu werden? Man kann sich heute keinen Begriff mehr von dem Zauber des Milieus machen. Das moderne Boardings-Haus ist eine Art Pension mit Isolierplatten; man meint, nur so ließe sich der Individualismus im Zusammenwohnen retten. Bei Fürmann gab es n u r Individualisten – aber o h n e Isolierplatten. Freilich durfte man kein Eigenbrödler sein, man mußte die Neigung in sich haben, Mitmensch zu sein.

Die zwei Paradezimmer, die ich bezog, hatte vor mir keine Geringere als Ricarda Huch innegehabt. Als »Pensionsprotz Nummer I« blickte ich durch fünf Fenster nach drei Himmelsrichtungen. Diese Aussicht plus Fliederduft berauschender Mainächte, plus dreimaliger Tagesmahlzeit, plus unzähliger Tanzfeste einschließlich Bowle, plus Samstagnachmittag-Tanzcafé mit Kuchen, zu dem man auch noch Bekannte einladen durfte, kostete ... nun, was kostete dies Fürmann-Glück? Neunzig Mark im Monat. Man konnte es noch billiger haben, allerdings dann etwas beschränkter. Der baumlange Karikaturist Engert, der die winzige sogenannte Asbestbude bewohnte, in der er bestenfalls in der Diagonale ausgestreckt liegen konnte, zahlte nur fünfundfünfzig Mark, alles inbegriffen.

Ja, der gute Fürmann hatte in seinem Dorado das ewig schwärende Finanzproblem gelöst, das heute noch die Welt beunruhigt. Man hatte oft den Eindruck, als sei der Pensionsbetrieb überhaupt nicht auf der verflixten europäischen Geldwirtschaft aufgebaut. Die Farmerlehrjahre kamen Fürmann in vielem zustatten: Handwerker brauchte er nicht, und wenn er einen wollte, requirierte er sich einen geeigneten Pensionsgast. In dieser Beziehung befehligte er uns mit der Selbstverständlichkeit eines Stammeshäuptlings. So sah man mich eines Tages als Dachdecker am First des Hauses sitzen. »Ja, was machst du denn da oben?« rief ein Abgesandter meiner Familie herauf, der mich besuchen wollte. »Hast du die Schriftstellerei an den Nagel gehängt? Dachdecken bringt wohl mehr ein?«

Das Preußenfest

Die einzige Gefahr, die Fürmanns Finanzpolitik ins Wanken bringen konnte, kam von seinen »Stabsmajoren«. Denjenigen seiner Getreuen nämlich, die ebenso dauerhafte und ebenso progressiv wachsende Schulden hatten wie eben Stabsmajore. Eines Tages, über die Listen seiner Debitoren gebeugt, mußte ihm die Geduld gerissen sein. Am Schluß eines wortkargen Nachtmahles erhob er sich und kündigte mit finsterer Miene an: »Von morgen an wird's bei uns preußisch!« ... Das plätscherte uns kalt den Rücken herunter und rann uns durch Mark und Bein. Wir wußten, was das bedeutete: Von jetzt an sollte bar bezahlt werden. Ich ging am nächsten Morgen zur Staatsbibliothek, um mich an strengen friderizianischen Vorbildern auf die angekündigte neue Epoche würdig vorzubereiten. Als ich mittags, innerlich gefestigt, die Belgradstraße hinaufkam, bot sich mir schon von weitem ein unerwarteter Anblick. »Malermeister« Fürmann stand auf einer Leiter und strich die frischgeweißte Fassade seines Hauses mit breiten schwarzen Querstreifen an, daß es aussah wie ein umgefallenes preußisches Schilderhäuschen. Drinnen im verdüsterten Speisesaal stand der Tisch ebenfalls schwarz-weiß hergerichtet, weiß gedeckt, mit breiten schwarzen Papierstreifen zwischen den Tellern. Unsere Bedienerinnen Anna und Rosa trugen Trauerkleider unter den weißen Schürzen und schwarz-weiße Papierschleifen im Haar. Fürmann saß in einem niegesehenen, vermutlich gepumpten Gehrock am Präsidiumsende und löffelte schweigsam seine Suppe. Dann klopfte er an das Glas, bat ganz überflüssigerweise um Silentium – denn man hörte sowieso nur die Holzwürmer in den alten Stallwänden krabbeln – und kündigte an, von nun an sei es, wie gesagt, hier »preußisch«. Gegessen werde nur mehr gegen bar, und wem das nicht passe, der könne sich ordnungsgemäß abmelden. Die Rosa werde jetzt kleine Abonnementsheftchen herumgeben, und jeder sei verpflichtet, eines zu nehmen: Zwölf Mahlzeiten für acht Mark. Das Heftchen war wunderhübsch ausgestattet, mit einer von Künstlerhand entworfenen Pensionsvignette auf feinem Umschlag. Wie denn überhaupt ein wahrer Museumsbestand solch hübscher Kleinigkeiten damals sorglos von uns vertan worden ist. Wie viele reizende Kunstwerkchen, wie viel freudig verschwendete Arbeit ließ doch jeder Tag hier entstehen, musikalische Improvisationen, Kostüme aus dem Nichts gezaubert, handgemalte Einladungen und Tischkarten, Plakate, die nie vervielfältigt wurden, Seifenblasen unerschöpflicher Phantasie. … Gleich regte sich tischauf tischab eine Flüsteropposition: »Wenn er Künstler, Lithographen und Buchbinder bezahlen kann, dann wird er uns wohl noch weiter kreditieren können!« … Schon begannen die ersten Vorstöße in Richtung auf ein kurzfristiges Moratorium. Es sollte wenigstens bis »nachher«, bis nach dem Essen dauern. Vater Fürmann gab nach. Das war das erste gewonnene Scharmützel.

»Nachher« – ja, nachher setzte sich Bukowina ans unverwüstliche Klavier und schmetterte einen seiner hinreißenden Märsche. Ich will nicht sagen, daß es der »Hohenfriedberger« gewesen sei. Jedenfalls wurde in dieser Nacht Preußen von Schwabing schmählich aufs Haupt geschlagen. Schon um zwölf Uhr hatten die meisten Fürmann so weit, daß er die Schulden auf weitere drei Monate stundete; um zwei Uhr morgens hatten wir mit Zangenangriff bereits sämtliche Abonnementsbüchlein auf Vorschuß erobert, und um sechs Uhr früh sah es auf dem Blachfeld derart tumultuarisch aus, daß beim Betreten des schwarz-weiß gestrichenen Schilderhauses jeden Kgl. preußischen Feldwebel der Schlag gerührt hätte.

Für Beseitigung der symbolischen Streifen an der Hausfront sorgten abwechselnd Sonne, Schnee und Regenwetter, und für die Liquidierung der letzten preußischen Reste in Fürmanns Finanzpolitik – wir, seine Getreuen.

Selbstverständlich schloß sich eine große Siegesfeier an, das berühmte »Preußenfest«, von dem noch lange die Rede war. Denn bei Fürmann lief zuletzt alles auf ein Fest hinaus, dessen Länge – natürlich nach Tagen gemessen – im vorhinein nie abzuschätzen war.

Winnetou auf dem Marienplatz

B raucht es einen zu wundern, daß in diesem Klima Vorfälle und Begebenheiten, Ereignisse und Zufälle wucherten wie Opuntien unter australischer Sonne? Wo soll ich, um nur einiges zu erzählen, anfangen, wo aufhören?

Eines Tages waren die Straßen der Stadt mit Flaggen auf Halbmast und Trauerfloren behangen. ... Allgemeine Landestrauer ... Auch die Polizei legte ihre Mienen in Trauerfalten und schritt noch staatsbewußter als sonst über Straßen und Plätze. Plötzlich, am Marienplatz, fährt's einem Wachtmeister in die Knochen – er blinzelt, er traut seinen Augen nicht: Geht da wirklich vor der Mariensäule ein himmellanger Kerl im Kriegsschmuck Winnetous, mit Federschmuck und Silberbüchse, über den weiten, fast menschenleeren Platz? Die Kriegspfade des Sioux verlaufen in schwankenden Schlangenlinien – der Wachtmeister eilt in langen Sätzen auf ihn zu, nimmt die unverkennbaren Düfte von Feuerwasser wahr und das schwankende Gefäß fest. Er schleift sein Opfer auf die Wache, und es entpuppt sich als ein Fürmann-Pensionär – unser Freund aus der Asbestbude. Er hatte nach 4mal 24stündigem Durchhalten eine kleine Schnaufpause einlegen, einen Erfrischungsbummel durch den Englischen Garten machen wollen. Im Verhör auf der Wache konnte er nur noch angeben, daß er von Allerhöchstem Sterbefall nichts wisse, dafür um so mehr vom allergrößten Schwabinger Karl-May-Fest in der Pension Fürmann. Er sei auf direktem Wege von dort zum Monopteros gegangen und plötzlich auf dem Marienplatz gewesen ... Mit dieser Erklärung schlief er ein.

Der Kommissar mißtraute der Behauptung höchst beamtlich. Er schickte einen Mann in die Belgradstraße, um den Fall aufklären zu lassen. Die Untersuchung ergab eine Überraschung: Tatsächlich konnte der Delinquent von dem Allerhöchsten Sterbefall nichts geahnt haben. Der Briefkasten der Pension, eine geräumige alte Zuckerkiste mit entsprechend breitem Schlitz, barg die Briefe, Drucksachen, Zahlungsbefehle und auch die Zeitungen einer ganzen Woche. Alles war unbeachtet geblieben. Der Kommissar drehte lächelnd sein Spitzbärtchen: »So san s' halt, die Schlawiner. Da kannst nix machen!« So wurde der Fall gütlich beigelegt und unser Winnetou in eine Droschke verfrachtet.

Als er endlich, ein übernächtiges Gespenst, dem Wagen entstieg und, den Boden nur unwirklich berührend, in seinem Sioux-Kriegsschmuck zu uns hereinschlich, setzte Doktor Mittenzwey sich ans Klavier und spielte, wie so oft, seinen beliebten Musette-Walzer aus der »Boheme«, mit betont ironischer Gesangbegleitung: »Will ich allein, so ganz allein, Mich in Paris ergehen, Bewundern mich die Leute, Die Leute alle, die mich sehen« ...

Was die Länge der Feste anlangt, muß der Ausdauer Fürmanns rühmend gedacht werden. Eines Morgens – es war der fünfte oder sechste eines solchen »Perpetuum mobile« – betrat ich, selbst ausgeschlafen, den einstigen Pferdestall, wo die abgekämpften »Leichen« nur so herumlagen. Am Klavier saß und spielte mit letzter Kraft der kleine Bukowina, in der Mitte aber tanzte Fürmann ganz allein, ein Sofakissen an sich gepreßt, wie ein wilder Derwisch. ...

Der Tanz begann damals ein Sport zu werden. Er feierte im Ex-Pferdestall Triumphe und Rekorde, nicht selten im Kreise fachmännisch wertender Zuschauer und Zuschauerinnen. Da gab es Tänze des Orients, Tänze im Reifrock, Tänze im eng anliegenden schwarzen Kostüm nach Aubrey Beardsley. Da schleuderte ein weidenschlanker Körper die Schlangenlinien transzendenter Sehnsüchte in die Luft, da sprang plötzlich ein schmalhüftiges Mädchen in die Arena, einen Kranz Wäscheklammern als Halskrause, einen zweiten als Hüftgürtel und klapperte dazu mit Kastagnetten. Dann wieder ein Tanzpaar mit Schritten und Figuren ureigenster Erfindung. Was da getanzt wurde, war nicht Walzer, nicht Tango, nicht Foxtrott noch Shimmy, nicht Jitterbog noch Boogie Woogie, es war – Schwabing!

»Fahrbarer Gegenstand« im Paragraphennetz

Nach solchen Festen, die im Fasching kulminierten, spielte das Bett, wie man sich denken kann, eine bedeutende Rolle. Die Betten im Hause waren selbstverständlich Fürmann-Eigentum. Trotzdem hatte Fritz Klein das seinige versetzt! Wir beschlossen zu dritt, ihm zum Dank für seine herrlichen Zigeunerlieder ein neues zu beschaffen, und suchten zu diesem Zweck unsern alten Leib-Tandler in der Nähe des Viktualienmarktes auf. Er bot uns für viel gute Worte und wenig Geld eine noch tragfähige Eisenbettstatt an. Fritz legte sich hinein, um die Länge auszuprobieren. Das Bett paßte vorzüglich: Genau bei den Kniekehlen war es zu Ende, so daß die Unterschenkel herunterbaumelten. Das war seine Lieblingslage. »So«, sagte er, indem er gleich liegenblieb, »nun fahrt ihr mich heim!« Ziehend und schiebend machten wir uns auf den Weg. Das Aufsehen, das wir erregten, übertraf alle unsere Erwartungen. Die Marktfrauen hielten sich den Bauch vor Lachen. Endlich verstellte uns ein Schutzmann den Weg. Was da los sei? Und wohin wir mit dem faulen Kerl in der Bettstatt wollten? Der polizeilich Erfahrenste von uns dreien erklärte, daß wir diese Bettstatt gekauft und bezahlt hätten und damit machen könnten, was uns paßte. Warum wir keinen Wagen hätten? Weil das nicht nötig sei, da diese Bettstatt mit Rädchen versehen und somit ein »fahrbarer Gegenstand« sei. Frech verlangten wir den Paragraphen, durch den verboten sei, mit so einem harmlosen, geräderten Vehikel nach Belieben herumzufahren. Diesen Paragraphen blieb uns der biedere Ordnungsmann natürlich schuldig, meinte aber, schon etwas kleinlauter: »Ja, im Zimmer wohl, aber net auf der Straßn!« – was uns mitnichten einleuchten wollte. – Und warum der lange, faule Kerl darin läge? So beleidigt, griff Fritz in die Debatte ein und schilderte den Zustand seines angeblich verstauchten Fußes so herzzerreißend, daß wir ihm fast selbst glaubten und das Schutzmannsherz mitleidig beschloß, uns ziehen zu lassen: »Aber bitt schön, net übern Marienplatz!«

Wir zogen also isarentlang heimwärts. Doch da war es bei weitem nicht mehr so schön, denn es war kein Schutzmann da. Jetzt mußte Fritz aufstehen und mitschieben. Daheim stellten wir fest, daß das Bett nun doch bedenklich wackelte. Es kam auch nie wieder auf seine vier Füße. Und so hat es Fritz noch vor Faschingsende wieder versetzt.

Die kubanischen Zwillinge

W as die Atmosphäre in der Pension so sektig erregend machte, war nicht allein die konzentrierte Schwabinger Luft, es war der Zuschuß kosmopolitischen Sauerstoffs. Immer wieder tauchten, über das große Wasser oder von kleineren Gewässern kommend, aus Fürmanns einstigem Weltfahrerdasein Revenants auf – tauchten auf und verschwanden, gleich Schiffen, die der Horizont verschluckt.

Eines schönen Morgens merkte ich, daß es bei uns eine elementare Veränderung gegeben haben mußte, – merkte es, jäh erschrocken aus dem Schlaf auffahrend. »Jessas, Herr Doktor«, schrie die Anna, die mir gerade den Kaffee brachte, »die zwei Neuen bringen anander um!« In der Tat knallte es heftig. Aber es war nichts weiter dabei. Nur so die kubanische Sitte: Der zuerst Aufgestandene weckt den andern, indem er ihm mit dem Revolver ins Fenster hineinschießt. Man gewöhnt sich bald daran.

Sie waren abends zuvor eingetroffen. Mit Empfehlungen aus Madrid an Señor Fürmann. Waren Zwillingsbrüder, Söhne eines Plantagenbesitzers auf Kuba; hatten diese freundliche Insel wegen ihrer »unbändigen Sittenrohheit« eiligst verlassen müssen und hatten sich seither weder in Paris noch in Madrid halten können. überall Skandal, Haftbefehl, schleunige Flucht. Und nun wollten sie's mal in Schwabing versuchen. Das stand im »Empfehlungsbrief«! Fürmann setzte seine Tierbändigermiene auf und sagte: »All right! – Nur mit der Ruhe!«

Es war gerade Fasching und das kubanische Brüderpaar wurde bald Hahn im Korb. Man kann es ruhig bei der Einzahl belassen, denn sie taten alles gemeinsam und keine ihrer Freundinnen konnte mir je sagen, welcher eigentlich der Ihre sei. Die Spezialität der Kubaner war ein Stierkampf, den sie zu einer Schwabinger Ballsaalnovität erhoben. Der eine band sich zwei riesige, scharfgeschliffene kubanische »Navajas« als Hörner an die Stirn und einen Schwanz aus Zeitungspapier an die Rockschöße. Und während der andere mit einer Tischdecke Toreador mimte und den durchaus ernstgemeinten Stichen der spitzen Dolchhörner virtuos auswich, waren die anwesenden Damen gebeten, gewissermaßen als »Banderilleras« zu fungieren und den Papierschwanz anzuzünden, was viel Liebesmüh und noch mehr Streichhölzer kostete. Aber da es dabei keinen Toten gab, konnte man hoffen, das beliebte Paar schließlich doch noch für die europäische Zivilisation zu gewinnen. Da geschah das Unvermeidliche:

Es war kurz nach Mitternacht, da fanden sich die beiden in schnee- und schmutzbedeckten Fräcken bei Fürmann ein und erzählten mit gekränkter Aufgeregtheit, wie sie auf einer Redoute gewesen und dort plötzlich, in aller Arglosigkeit, in eine gewaltige Schlägerei geraten seien. Da hätten sie nun nach heimischer Sitte um sich geschlagen und wohl auch ein bisserl geschossen; wohin, wüßten sie nicht. Vermutlich in den Kronleuchter. Aber sie hätten es doch ratsam gefunden, sich im allgemeinen Trubel zu drücken und von einem Automobil irgendwohin an eine fremde Adresse fahren zu lassen. Von dort kamen sie nun querfeldüber.

Fürmann hielt es denn doch für ratsam, sich dieser bedenklichen Hausgenossen zu entledigen. Die Lösung war etwas schwerer als sonst. Man wollte keine diplomatischen Verwicklungen mit Kuba heraufbeschwören. Ein rasch einberufener Kriegsrat beriet die Sache von allen Seiten. Hatte man nicht seine weitreichenden Beziehungen zu geeigneteren Gegenden? Man würde den beiden einfach freundliche Empfehlungsbriefe an Gastfreunde in den Abruzzen, auf Korsika oder im albanischen Hinterland mitgeben …

Doch es kam ganz anders. Zwar hatte Fürmann seine diplomatische Rede gut vorbereitet und für alle Fälle seinen Ochsenziemer ins rechte Hosenbein gesteckt; da, zur Mitternachtsstunde, als das schöne Fest in vollem Gange war, gewahrte man draußen im Mondschein eine Ansammlung von dunklen Männern, die sich vorsichtig dem Haus näherten. Sicherlich ein Polizeiaufgebot, dachte Fürmann und setzte sein selbstsicherstes Staatsbürger- und Steuerzahlergesicht auf. Doch schon teilten sich die Lodenmäntel, und zum Vorschein kamen die verschiedenen Requisiten einer Blechmusikkapelle, die sofort mit dem Trauermarsch aus »Tannhäuser« loslegte. Dann trat zum allgemeinen Erstaunen der eine kubanische Zwilling vor, überreichte Señor Fürmann feierlich eine großgefaltete Dankesurkunde und erklärte in bewegten Worten, eine Amnestie für leichte und mittelschwere Verbrechen – was heißt wohl in Kuba »mittelschwer«? – gestatte ihnen die Rückkehr in die geliebte Heimat, wo sie fortan die erfahrenen Segnungen der Schwabinger Zivilisation einzuführen gedächten. Die Musik spielte einen Tusch und verschwand eilig; Fürmann stellte seinen Ochsenziemer beruhigt hinter das Klavier – und am nächsten Tage waren unsere kubanischen Zwillinge verschwunden, wie sie gekommen waren.

Die rote Kugel

V or eine schwierigere Aufgabe, als es die der »Zwillinge« war, sollte ein anderes Ereignis unsern Meister stellen, die Affäre der »Roten Kugel«. Henry sah sich in der Rolle Nat Pinkertons oder Sherlock Holmes' und zum erstenmal war er einer Rolle nicht gewachsen. Es galt, ein glattes Verbrechen aufzuklären, und er versagte. Auch wir andern versagten. Der mysteriöse Fall »Rote Kugel« ist unaufgeklärt geblieben.

Nadja Petrowna, die junge russische Tänzerin, kam von London und Paris und wollte ein paar ausgesparte Tage in unserer Park-Pension verbringen. Wo immer sie gastiert hatte, in England, Italien, Skandinavien, in der Schweiz, in den Staaten, überall hatte sie von der Pension Fürmann gehört, und diese Lockung hatte bewirkt, daß wir ihren Reiz erleben und genießen durften. Wir waren glücklich, sie bei uns zu haben; sie schwebte wie ein kleines Glück über die kurzen Tage hin, die sie bei uns verbrachte. Einen Reisekoffer, wie sie ihn mitbrachte, über und über mit den Etiketten feudaler Hotels in aller Welt beklebt, hatten wir noch nicht gesehen. Wir ahnten nicht, welch ein Verhängnis für uns alle er enthielt.

An jedem Tage erwarteten wir ungeduldig die Abendstunden, wo wir um Nadja Petrownas Sessel zusammenrückten und ihr lauschen durften, wenn sie mit dem unnachahmlichen Reiz ihrer klingenden Stimme und dem fremden Akzent von ihrem merkwürdig fremden Dasein erzählte.

Acht Tage Freiheit – nun ja, so viel waren ihr hier in Schwabing gegönnt. Dann würde Matschin, der strenge Tanzmeister, der Unerbittliche, sie wieder in seinen Zwang nehmen, in die verschärfte Gymnastik eines Trainings, das die verschlafenen Gelenke wieder wachrütteln sollte. Sie erzählte wie Scheherazade. Dieser Matschin stand plastisch vor uns. Wir sahen ihn in jeder seiner Bewegungen, den Unnahbaren, den Nichtmann und Nurkünstler, den Mönch im Nonnenkloster des russischen Balletts: Jeden Morgen gebot er zwei unerbittlich strenge Stunden lang über alle Geschmeidigkeit ihres junges Leibes, bog und straffte sie mit stählernem Willen, um sie dann abends wie den Pfeil eines gespannten Bogens losschnellen zu lassen in das Dämmerhalbrund festlicher Zuschauerräume.

Wir hatten uns solch ein Tänzerinnendasein etwas anders vorgestellt. Eine Vestalin, die sich als Opfer in ihrer eigenen Flamme verzehrt? – Nein, so nicht, bestimmt so nicht. Wir warfen Nadja Petrowna die großen

Gegenbeispiele entgegen. »Die Otéro, Cléo de Mérode« … »Dilettantinnen!« … »Lydia Lopokowa, die die Frau eines amerikanischen Milliardärs wurde; die Karsawina, die ein englischer Diplomat heimführte« … »Ja freilich, weg vom Zenith ihrer Laufbahn!« … Wir mußten uns geschlagen geben. Sie hatte wohl recht, und unsere Zärtlichkeit (welcher Mann kennt nicht diese seltsame, irr die Flügel rührende, ans Unerreichbare verlorene Zärtlichkeit?) schlug ihr noch wärmer entgegen … Und diesem Wesen mußten wir einen unverwindlichen Schmerz antun.

Eines Morgens hörte ich sie weinen. Beim Frühstück wagte ich vorsichtig zu fragen: »Sie sind unglücklich, Nadja Petrowna? Was ist geschehen?« Da sagte sie, und es war nur ein Hauch: »Meine rote Kugel!« … Ich verstand nicht. »Meine rote Kugel« wiederholte sie. »Haben Sie mich nicht öfter damit spielen sehen?« Gewiß, das hatte ich. Eine rote Billardkugel, die sie, eilig die Gänge entlang schreitend oder hüpfend und tänzelnd, aus einer Hand in die andere warf; sitzend klopfte sie manchmal damit auf ihr Knie und lauschte dem leisen, elfenbeinernen Ton. »Aber selbstverständlich, jeder von uns hat Sie damit gesehen.« »Nun, und jetzt ist sie weg. Man hat sie mir genommen. Ich habe sie gestern abend versehentlich in der Perlmutterschale auf der Barockkommode vor meinem Zimmer liegen lassen, und heute morgen war sie weg.« »Das hieße, es müßte sie jemand gestohlen haben. Das muß ein Irrtum sein, Nadja Petrowna.« »Nein, ist ist kein Irrtum.«

Ich sprach sofort mit Fürmann. Er nahm jeden der Inwohner ins Gebet. Die Kugel blieb verschwunden. Er ließ bei einigen, die vielleicht als Fetischisten verdächtig sein konnten, heimlich nachforschen. Die Kugel blieb verschwunden.

Aber war es denn nicht das Einfachste, Nadja eine neue rote Billardkugel zu schenken? Ich machte ihr, am Abend im Park mit ihr auf- und abgehend, diesen Vorschlag. Da blieb sie stehen und sah mich groß an. »Glauben Sie denn, ich würde nicht selbst auf diesen Gedanken gekommen sein, wenn es eine gewöhnliche Billardkugel wäre?« Und nun erzählte Nadja das Geheimnis i h r e r roten Kugel.

Es hing mit dem Tiefsten ihres Tänzerinnendaseins zusammen, mit einer – wie soll ich sagen? – einer Revolte der Vestalin. Auf ihrer ersten England-Tournee war es gewesen. In einem Londoner Caféhaus saß sie, auf Matschin wartend, vor ihrer einsamen Tasse Tee und blätterte gleichgültig in Modejournalen und Magazinen. »Gleichgültig, ja«, wiederholte sie. »Sie kennen diesen Zustand bestimmt nicht – wer soll ihn auch kennen außer uns? Man sitzt da, mitten in der Welt, und die Welt ist so weit weg. Man weiß nichts von ihr. Man könnte ebenso gut eine dieser Fliegen im Bernstein sein, die vor Jahrmillionen ein Tropfen Harz erwischt hat und die nun angestaunt im steinernen Licht sitzen … Das kam mir aber erst zu Bewußtsein, als ich zwei Herren nicht weit von mir am Billard sah: Rund um mich herum befindet sich ein Stück Welt, das England heißt, und die beiden Herren da sind also Gentlemen. In meiner Kindheit hat man mir erzählt, die Engländer seien alle unnahbar, jeder Gentleman sei so was wie ein Großfürst.« Und nun sitzt die kleine Nadja in der weiten fremden Welt, fünf Schritt von ihr spielen zwei englische Großfürsten Billard, spielen mit unerschütterlicher Verstocktheit, und keiner verschwendet einen Blick an sie. Das ärgert sie – und nun kommt es. Während einer Spielpause, als der eine Großfürst sein Glas lehrt, der andere die Kreide aufsetzt, steht sie flink auf, holt sich vom Zeitungshalter die »Times« und fischt vom grünen Billardtuch die rote Kugel. Die ist schon längst in der Handtasche verschwunden, als Nadja stocksteif, nun ebenso unnahbar wie ein Gentleman, hinter ihrem entfalteten »Times«-Format sitzt. Verstohlen blickt sie an der Politik vorbei ins Leben: Endlich hat sie ja einmal den gläsernen Sarg durchbrochen … Der eine Spieler setzt zum Stoß an – da fällt von seinem Gesicht alle Selbstsicherheit, das grüne Tuch wirft Farbe in seine entgeisterten Züge. – »Was ist das? Wo ist die Kugel? Das wäre jetzt m e i n großes Spiel ge…« Das Wort bleibt ihm im Munde stecken. Der Gentleman läuft, der Kellner läuft, der Direktor kommt gelaufen – und in Nadja regt sich eine tolle Lebenslust. Sie könnte schreien vor Vergnügen. Das hat s i e gemacht. Das ist i h r Griff in die Welt gewesen! Gern würde sie die Situation noch weiter genießen. Aber ach, da kommt Matschin, ihr kleines Drama ist zu Ende…

»Ja, das ist die Geschichte der roten Kugel. Bald nach jener Tat stellte sich bei mir ein Traum ein«, erzählte Nadja weiter. »Ich werfe mit der Billardkugel irgendwohin – und dies Irgendwo ist immer ein großes Halbdunkel wie das der Zuschauerräume – und dann klirrt es laut, ich habe eine riesige teure Spiegelscheibe eingeworfen und muß sie bezahlen …«

Nadja zog ihr Taschentüchlein und weinte. »Aber da gibt's doch nichts zu weinen«, lachte ich laut, »haben Sie denn jemals wirklich bezahlen müssen?« Da reckte sie sich vor mir auf, sah mich groß an wie vorhin und sagte leise: »Jawohl. Freilich habe ich bezahlen müssen. Es war eben doch ein Verbrechen … Ich hätte sie nicht nehmen dürfen … meine süße kleine rote Kugel …«

Da begriff ich, daß der Fall unrettbar war. Das scheußliche Gefühl, daß einer von uns der Dieb sein mußte, vergällte uns die letzten Tage ihrer Anwesenheit.

Aber am Morgen ihrer Abreise lag die rote Kugel genau dort, wo

Nadja sie hatte liegen lassen, auf der Perlmutterschale der Barockkommode. Dem Sünder mußte das Herz geschlagen haben; er hatte sie zurückgebracht. Und mir wollte scheinen, als habe e r damit Nadja Petrownas Vergehen gesühnt.

Was ist wohl aus ihr geworden? Ich weiß: Die rote Kugel rollt weiter mit ihr um die Welt. Und wenn sie sich allein fühlt in der engen Fremdheit eines Hotelzimmers, spielt sie damit Ball und denkt dabei an ihre beiden Gentleman; und malt sich aus, in ihrer leicht bewegten Phantasie, daß sie vielleicht ins Kloster eingetreten sind oder in die Heilsarmee, jedenfalls aber noch lange über das nachgrübeln werden, was sie früher nicht kannten und was sie, Nadja Petrowna, »Schicksal« nennt ...

Und bisweilen ist ihr dann, als säßen die Millionen Männer der Welt mit hilflos fragenden Gesichtern um sie herum und möchten alle das Geheimnis der roten Kugel kennen, die sie tanzen läßt zu den Sternen hinauf; die mit ihr in der Tiefe des getreuen Koffers um die Erde kreist wie ein kleiner roter Mond: ein Spielzeug selbstbefreiender Laune, ein Talisman des listigen Spottes gegen die grundlos selbstbewußte, die weltbeherrschende Sturheit der Männer.

Die Casanova-Duellanten

S chon lange hatten alle Glieder des Fürmann-Stammes, Männer wie Weiber, mich gedrängt, einmal meine Wissenschaft vom Florettfechten in die Praxis umzusetzen. Man wußte, daß ich schon als Knabe bei einem kriegspensionierten Fechtmeister der Reichshofener Todeskürassiere das Florettfechten erlernt und mein ganzes Fechtarsenal von drüben nach Schwabing mitgebracht hatte. Ein Duell auf Stoßdegen, so meinte man, müßte sich im Park, bei Morgengrauen oder bei Mondschein, höchst renaissancehaft oder casanovisch ausnehmen. Ich hatte wenig Lust, schließlich war Stoßdegen Stoßdegen – aber da war es unsere blonde Olga, die das Spiel mit dem Feuer, vielmehr mit den »épées« in Gang brachte.

Sie war Annagret nicht unähnlich, kühl, blond – mit einem dunklen Schildpattkamm im Goldhaar –, eine zierliche Puppe mit frechem Stupsnäschen. Man sagte, sie sei eine durchgebrannte Generalstochter; herrschgewohnte Generationen sprachen aus ihrem kühlen Blick; aber ich hatte ja bei Annagret schon so weit Erfahrungen gesammelt, daß ich hinter den Preußengeneralen eine Reihe dunkler, glutäugiger Hidalgos ahnen konnte. Bestimmt war Olga eine der vielen, die nicht nur studienhalber nach Schwabing gekommen waren …

Und richtig, an einem Samstagnachmittag, wo ja Gäste mitgebracht werden durften, kam Mirko, der dunkelmähnige Bulgare, Mirko mit den Goldlackaugen, als Gast Olgas zu uns. Er brachte ihr eine große Bonbonniere. Schon das ärgerte uns Eingeborene, die wir an einfachere Sitten gewöhnt waren, und am meisten ärgerte es »Pang«, den Wiener Karikaturisten, dessen heimlicher Schwarm Olga war. Der neue Pensions-Film entwickelte sich rasch – dank einem Zufall.

In Giesing war ein Mord geschehen. Ein Straßenmädchen, die dicke Ella, war das Opfer. Die Polizei fahndete seit acht Tagen vergebens nach dem Täter, einem nur flüchtig erblickten jungen Mann dunklen Typs, der kurz vor der Tat mit Ella in einem Café gesehen worden war.

Beim nächsten Samstagnachmittagkaffee unterhielt sich Pang, dessen Art es war, kühn vorzupreschen, um hinterher rasch zu kneifen, mit »unserem Juristen« ziemlich laut und sachkundig über den Fall. Der Jurist, der sich schon im dritten Semester als sowas wie Generalstaatsanwalt fühlte, mokierte sich über den Steckbrief. »Blödes Zeug! Wieder mal typisch: Da schreiben sie fünfhundert Mark Belohnung aus, aber gleichzeitig einen Konfektionssteckbrief, mit dem man gleich stangenweise suchen kann: Junger Mann von dunklem Typ, braune Augen, mittelgroß, grauer Anzug ...«

»Junger Mann von dunklem Typ?« wiederholte Pang prononciert, und dann sehr laut zu Olgas Tisch hinüber: »Zweifellos Mirko! – kann gar kein anderer sein!« »Mensch, halt's Maul!« boxte ich ihn in die Rippen und deutete auf Mirko. Der war mit bulgarischem Temperament aufgesprungen und stand, jäh erblaßt, mit geballten Fäusten vor seinem umgeworfenen Stuhl. »Herr!« stammelte er ... Man hielt ihn zurück, suchte zu beschwichtigen, Olga streichelte sein Haar. Aber der Funke lief schon die Lunte entlang. Eine durchaus nicht ernst gemeinte Bemerkung: »Da habt ihr's, euer Duell!« brachte das Pulverfaß zur Explosion. »Jawohl«, sagte Mirko, »ein Duell. Ich fordere Sie, mein Herr, auf, auf –«
»Stoßdegen!« brüllt alles los. Sekundanten wurden sofort gewählt, ich selbst zum Kampfleiter bestimmt – es gab kein Entrinnen.

Pang war plötzlich blaß und ganz still geworden. Mirko warf mit gespreizten Fingern die schwarze Mähne aus der Stirn und einen langen Blick seitwärts auf Olga. Beim Handkuß sahen wir, wie er zitterte.

Die nächsten Tage vergingen in Vorbereitungen, man holte einen Medizinstudenten im achten Semester als Wundarzt herbei. Er verstand sich auf Schläger und Säbel, wollte aber mit Stoßdegen durchaus nichts zu tun haben. Das könnte leicht tödlich ausgehen. Als Pang das hörte, schlotterten ihm die Knie erheblich. Ich tobte, so oft ich dem Zittergras die notdürftigsten Stöße, Paraden und Finten beizubringen versuchte. Aber ich hatte jetzt – zwar noch nicht Blut geleckt, aber doch eine satanische Freude an der Sache bekommen – und verstand keinen Spaß mehr. »Pang, hättest du geschwiegen! ... Päng!« Ich ging in die Küche und schärfte am Messerschleifstein ausgiebig die Spitzen der Duellklingen; da kam Pang leise herbeigeschlichen und fragte, ob das unbedingt nötig sei. »Natürlich! Anders geht es nicht!« Ob man denn nicht wenigstens kurz hinter der Degenspitze ein Schutzblech anbringen könnte, eine Art Auffangscheibe, damit der Stich nicht tiefer gehe? »Ausgeschlossen! Gibt's nicht beim Stoßfechten!« erwiderte ich als furchtbarer Fachmann. »Das muß durch und durch gehen!«

Von Mirko sah und hörte man nichts. Aber einer seiner Sekundanten kam eines Mittags in Gehrock und Zylinder an den »Balkan-Tisch« und erklärte, sein Mandant werde sich Samstag früh bei Tagesanbruch im Park einfinden. Er trainiere jetzt bei dem italienischen Fechtlehrer Basso, aber der Italiener habe in ihm bereits seinen Meister gefunden. Denn Mirko sei Champion seines kroatischen Husarenregiments! ...

Als Pang dies erfuhr, legte er sich ins Bett und bereitete sich stichlos aufs Sterben vor. Nun aber erfuhr gerade noch rechtzeitig Mutter Fürmann von der Affäre, die denn doch geeignet war, die Pension in Mißkredit zu bringen, und noch am Freitagabend wurde die Sache abgeblasen. Lulu Fürmann machte das ganz einfach: Sie teilte mit, daß jeder, der bei der Sache mittäte, eine Stunde später den blauen Kündigungsbrief auf seinem Zimmer vorfinden würde.

Was blieb uns übrig, als zu Mirko zu gehen, der in einem Miethaus in der Belgradstraße im ersten Stock wohnte? Wir mußten ihm die glorreiche Beilegung des Konfliktes mitteilen. Unser Deutschrusse aus Astrachan klopfte also dreimal ganz ungeheuerlich an die Tür und brummte mit seinem drohendsten Baß: »Im Namen des Gesetzes« ... und gleich darauf: »Polizei!«

Ein jähes Poltern umfallender Stühle, eilige Schritte, ein Fensterklirren machen uns stutzig. Wir eilen in den Garten hinter das Haus – : Da steht Mirkos Fenster offen, und bis zur Erde herunter hängt ein Bergseil ...

Was war gewesen? – Er hat es hernach Olga, und diese hat es uns verraten: Er hatte geglaubt, die Münchner Polizei käme, um ihn zum Duell zu holen. Denn er war nie Husar in einem kroatischen Regiment gewesen, und er konnte sich mit Pang nur in einem messen – in der Angst.

In Lulus Küche

Daß in solchem Tohuwabohu, solchem Jubel und Trubel dennoch alles am Schnürchen ging, keine Mahlzeit zu spät auf den Tisch kam und das ganze Babyl-Schwabylon noch einen ruhenden Punkt in seiner Erscheinungen Flucht besaß, das verdankte es nur dem selbstlos stillen Wirken der Frau unseres Henry Fürmann. Er hatte sie schon in seiner Farmerzeit kennengelernt, und sie war ihm aus Kalifornien nach Schwabing gefolgt.

Sie hieß Lulu – und nie wieder dürfte ein Wesen in größerem Gegensatz zu jenem anderen gestanden haben, das unter gleichem Namen literarische Geltung erlangt hat, zur Lulu Wedekinds. Lulu Fürmann war die Stille und Ordnung selber. Kaum bemerkt, arbeitete sie im Garten, betreute die Tierzucht, stand in der Küche, beaufsichtigte den Waschkram – und fand dazwischen noch Zeit, die Lebens- und Liebessorgen ihrer Pensionärinnen anzuhören. Sie half jedem, der es brauchte, ob Mensch ob Tier. Während der Pensionsfeste stand sie oft mehrere Tage hintereinander am Herd und am Backofen; auch kannte ich manchen, dem sie bei Baisse-Stimmung zusätzlich kochte.

Die beiden Eheleute hatten sich im Dachgeschoß ihres Hauses ein Refugium bereitet. Nur wenige durften sie dort oben besuchen. Da erhob man sich dann auch im Gespräch hoch über die ebenerdigen Niederungen und spürte auf seine Weise den Romantikervers von der Welt, die tief verworren schallt ... Ein köstliches Rezept hatte das Paar sich zurechtgelegt, um ehelicher Zwistigkeiten Herr zu werden. Bei jeder leichten Trübung der häuslichen Eintracht ging das Ehepaar Fürmann an den Kleiderschrank, zog sich feiertäglich an und begab sich in ein vornehmes Café. In diesem zwingenden Milieu, das vorbildliche Haltung voraussetzte, wurden dann die Meinungsverschiedenheiten besprochen, und nach solchen diplomatischen Café-Démarchen sah man regelmäßig die beiden Arm in Arm heimkehren.

Die intimsten Feste der Pension wurden im engen Kreise begangen – in der Küche. Wie oft haben wir da bei feinen, wenn auch bescheidenen Schmankerln geschlemmt, und selbst ein so ausgepichter Gourmand wie Carl Georg von Maaßen mußte gestehen, daß auch er in seiner Mitternachtsküche nie Besseres kreiert hatte. Hier in Lulu Fürmanns Küche soll es gewesen sein, daß er einem Berliner Freunde – war es Alfred Richard Meyer, genannt Munkepunke? – der etwas zu eilig und eifrig nach dem köstlich bereiteten »Scampi« langte, das vielkolportierte Wortspiel zuwarf:»Vergiß nie, mit wem du ißt – sei so gut und iß mit Maaßen!« C. G. war Literat, Feinschmecker und witziger Gesellschafter von Rang. Allerdings hatte seine gesellige Seite eine harte Kante: gegenüber Frauen, besonders Blaustrümpfen und hemmungslosen Bewunderinnen. Ich hatte ihn zu einer Malerin geschleppt, die ihn um jeden Preis kennenlernen wollte. Wir fanden im Atelier eine Generalversammlung »über alle Maßen schwabingsüchtiger Malerinnen« vor, die sich den »Simpl«-Satiriker einmal vornehmen wollten. Gottlob brach ein heftiges Gewitter aus, und ein Blitz ging in unmittelbarer Nähe nieder. Da fragte keck die »Maaßen«-süchtigste von allen:»Herr Baron, Sie sind Kavalier und jeder Situation gewachsen. Was hätten Sie getan, wenn der Blitz hier mitten unter uns gezündet hätte?« C. G. war aufgestanden und antwortete kalt: »Ich wäre schnellstens hinausgerannt und – hätte die Tür von außen abgeschlossen.« Und der Kavalier war draußen.

Es mag gegen 1910 gewesen sein, daß ich ganz zufällig seine Bekanntschaft machte. Ich schlenderte in der Nähe des Hauptbahnhofs, als aus einem Restaurant eine Gruppe von Leuten kam, deren heftiges Gebaren auf irgendwas Besonderes schließen ließ. Einer maß mit Meterschritten eine Art Duellabstand von der Spiegelscheibe aus, zwei andere schienen zu sekundieren, ein aufgebrachter und ziemlich hilfloser Herr protestierte, – kurzum die Situation war so, daß ich mich bewogen fühlte, einen der Herren aufs Geratewohl anzureden und mich nach den näheren Umständen zu erkundigen.»Ein Duell auf offener Straße?« fragte ich. »Ja«, sagte er mit feinem, irgendwie bestrickend vornehmem Lächeln,»ein Duell zwischen Sol-Ei und Spiegelscheibe. Der Herr dort hat gewettet, aus zehn Meter Abstand mit einem hartgekochten Ei die Scheibe einwerfen zu können. Der Wirt möchte es nicht auf den Versuch ankommen lassen, aber wie Sie sehen –« In demselben Augenblick ging der Schuß – sozusagen – schon los. Aber der Schütze verlor seine Wette, die Scheibe hielt stand, und der Wirt war's zufrieden.»Also keine Spiegeleierscheibe!« lächelte der Fremde. Er gefiel mir, ich stellte mich vor und war nicht wenig überrascht, auf diese Weise C. G., mit Pseudonym Jakobus Schnellpfeffer, kennenzulernen. Ich nahm dann an dem Sektfrühstück teil, das sich an die verlorene Wette anschloß, und es wurde ein sehr vergnügter Nachmittag und Abend.

Dergleichen Streiche waren damals nichts Ungewöhnliches. Verrückte Wetten mußten immer wieder herhalten, die überflüssige Zeit und den überschüssigen Lebensgeist zu verflüchtigen. Roda Roda hat mir einmal erzählt, daß er bei einem Souper mit seiner Tischdame die Wette abschloß, er würde eine Nußtorte, mit Essig und Öl angemacht, und dazu Bismarckheringe in Himbeersaft verspeisen, – und er gewann die Wette zum Gaudium der ganzen Gesellschaft. Mit einem andern, einem literarischen Stücklein erregte er die Aufmerksamkeit ganz Deutschlands. Er hatte gewettet, daß er – Roda Roda – es fertigbringen würde, im »Kürschner«, dem alphabetischen Verzeichnis der deutschen Dichter und Schriftsteller, an erster Stelle zu erscheinen. Man argwöhnte, er würde das mit Hilfe guter Verbindungen zur Redaktion zustandezubringen versuchen, und hielt das Unterfangen für aussichtslos. Die Wette wurde abgeschlossen, ich glaube 1 : 10, Roda gegen zehn Partner. Die zehn hatten zu zahlen; denn sie verloren auf sehr einfache Weise. Er meldete ein zweites Pseudonym an (er hieß Rosenthal), nämlich Aaba: Damit hatte er die Spitze des Alphabets gewonnen – und die Wette. Und C. G. erzählte oft die Geschichte von der Wette im Café Stefanie, wo jemand aus einer Bowle dreißig aufgeschlagene Eier löffelte und bei leidlich gutem Befinden auch herunterbrachte; zur Revanche bekam er fünfzig angeboten, von denen aber das letzte Dutzend auf Grund einer Naturkatastrophe nicht mehr zum Zuge kam ...

C. G. war, ehe Meister Alfred Walterspiel kam, unbestritten der berühmteste Gourmet Münchens. Außer E. T. A. Hoffmann, dem »Gespenster-Hoffmann«, dem er mit seiner Gesamtausgabe ein Denkmal gesetzt hat, hatte er nur noch eine große Liebe, die zu den berühmten Gastrosophen. In ihm und Walterspiel schieden sich sozusagen die Geister der Zeiten. Walterspiel führte die »Moderne« der Gastronomie in München zum Sieg, während Maaßen ihr »Romantiker« blieb. Man könnte die Hühnerbraterei die Walstatt der beiden nennen. Man muß lesen, was C. G. zu dem neu eingeführten gläsernen Hühnerbratapparat sagte, um zu ermessen, wie hier 19. und 20. Jahrhundert aufeinanderprallten. »Wie aber vermöchte ein moderner Bratapparat die behagliche Stimmung zu erzeugen, die ein sich drehender Bratspieß verbreitet? Er verschwand mit der Romantik der Postkutschen, des Waldhorns und des lodernden Kaminfeuers in der Nacht ewigen Vergessens. Man muß schon auf das Münchner Oktoberfest zu den Hühnerbratereien wandern, um sich an der Vortrefflichkeit eines am Spieß gebratenen Vogels delektieren zu können.« Aber der Schwarm-Amateur saß doch recht gern zu Gast beim erfinderischen Meister Walterspiel.

Das ist C. G., wie er leibte und lebte. Er war der Statthalter der deutschen Romantik im Schwabing des 20. Jahrhunderts, und alles, was er

»schnellpfeffernd« trieb, war eigentlich nur Oberfläche über einer tief-romantischen Seele. Allerdings war diese Romantik, besonders wenn sie sich in seiner Junggesellenküche auswirkte, manchmal nicht ganz unbe-denklich. Einmal wollte er sich eine herzhafte Kraftsuppe nach einem Re-zept von Brillat-Savarin bereiten, zu der ihm aber etliche Zutaten, unter anderem fünfundzwanzig frische Krebse – im November! – fehlten. Im-merhin brachte er einiges zusammen und eilte in die nahe Apotheke, um das wichtigste Gewürz, zwanzig Gramm Ambra, zu kaufen. Als er hörte, daß das Ambra mehr als sein gesamtes Bankkonto koste, nahm er von dem Kauf und der Kraftbrühe Abstand, – um dann allerdings, nach Hause zurückgekehrt, bei genauerem Studium zu sehen, daß in dem alten Koch-buch nicht zwanzig Gramm, sondern »zwanzig Gran« angegeben war, also eine winzige Spur nur des entsetzlichen Gewürzes. ...

Der Löwenkäfig ist leer

H ier sind mir die Geschichten schon über den Rand der »Pension« hinausgelaufen, und in der Tat wäre es unrecht, von denen zu schweigen, die das übrige Schwabing hervorgebracht hat. Drei von ihnen sind klassisch geworden. Die Schwabinger Fama hat sich ihrer seinerzeit gierig bemächtigt und sie dann, so oder so entstellt, weitergegeben; ich erzähle sie, wie sie mir im Gedächtnis geblieben sind, und wie sie Lachmeier, ein altes Münchner Modell, mir ergänzt hat.

Da war Fritz Behn nicht nur ein hervorragender Bildhauer und begeisterter Jäger, sondern auch ein wirklicher Tierliebhaber; er hatte sich aus Afrika einen jungen Löwen mitgebracht, den er in einem geräumigen Käfig in seinem Atelier hielt. Er hatte damals, weit draußen am Schwabinger Bach, zusammen mit einem Kollegen, dem Bildhauer E., ein Doppelatelier im Rosipalgarten. In etlicher Entfernung wohnte dort auch Gulbransson; die uralte Ulme in seinem Garten, mit dem Hochsitz im tiefen Wipfel, aus dem man in warmen Sommernächten so wunderschön die Mondscheinpromenaden- und Badeszenen junger Paare am silbrig dahinfließenden Bach belauschen konnte, und die grauenvoll schreienden weißen Pfauen in dem Baum waren von spukhaften Greuelmärchen der Münchner Spießbürger umwoben.

Die beiden Bildhauer, Senatorensöhne aus Lübeck, veranstalteten dort öfter rauschende Bacchanale, bei denen die Modell-Athleten, unter ihnen Lachmeier, als Fackelträger und römische Sklaven fungierten.

Im Lauf der Zeit waren die nicht gerade übermäßig starken Stäbe des Käfigs unter den Pranken des wachsenden Löwen ziemlich krumm gebogen worden, und auch die Tür schloß nicht mehr richtig. Schon längst war ein neuer Käfig bestellt, aber der kam und kam nicht. Eines Tages, als gerade Kollege E. Behn in seinem Atelier besuchte, reißt diesem die Geduld: Er wird jetzt doch mal zu dem Handwerker radeln und ihm einheizen. Aber wie es so geht: Kaum ist er fortgefahren, kommt der Handwerker und bringt den neuen Käfig.

Der Mann hat kaum den Rücken gedreht, da kommt dem E. eine großartige Idee: Er wird den Löwen, nachdem er ihn mit einer reichlichen Mahlzeit für einen Verdauungstiefschlaf versehen hat, in seinem neuen Käfig auf einem Bildhauer-Rollpodest hinaus in den Garten fahren und hinter dem Schuppen verbergen. Die Tür des alten Käfigs aber wird er weit offen stehen lassen – und ebenso die des Ateliers. Dies getan, eilt er zum nächsten Postamt. Dort ruft er bei dem Handwerker an, ob Herr Behn schon dort sei.»Ja, grad eben tritt er herein!«»Hier Behn!«...»Bitte sofort kommen! Löwe während des Umzugs ausgebrochen! Weiß nicht, wohin. Bin aber auf dem Sprung ihm nachzusetzen!«...»Ich komme sofort!«...

Jetzt wartet der Filou am Telefon, bis Behn ungefähr in seinem Atelier angelangt sein kann, und ruft dann mit Bauchstimme dort an:»Polizeistation Freimann! Hier ist ein Löwe gesichtet worden. Die Bevölkerung behauptet, es könne nur Ihrer sein. Löwe ist durch ein Kornfeld gestreift und hat schwere Verwüstungen angerichtet, Bevölkerung sehr aufgeregt ...« Behn, in heller Aufregung:»Ich komme sofort!«... Der andere hängt ein, nimmt aber den Sprecher gleich wieder zur Hand und meldet sich erneut:»Hier noch einmal Polizeistation Freimann. Löwe in Schafherde eingefallen, – Leithammel gerissen – Löwe muß erschossen werden!«»Bitte, bitte, nicht erschießen! Komme sofort!« Behn radelt los, kommt schweißtriefend an. Der Wachthabende weiß nichts von einem Löwen. Aber es gibt außer der Polizeistation Unterfreimann auch noch eine andere in Oberfreimann. Wahrscheinlich handelt es sich um diese. ... Schon will Behn aufs Rad springen – da rasselt wieder das Telefon. Der Polizist nimmt ernst den Hörer ab.»So? In der Stadtgärtnerei? Also, Herr Professor, der Löwe ist in der Stadtgärtnerei eingefangen worden. Sie können beruhigt sein und ihn dort abholen ...«

Na, Gott sei Dank! Behn radelt sofort nach der ziemlich entfernten Stadtgärtnerei, kommt an und fragt aufgeregt nach dem Löwen.»Ein Löwe?«... Fall hierorts unbekannt. Aber wieder schrillt das Telefon:»Löwe soeben in Gulbranssons Ulme gestiegen, sämtliche weißen Pfauen gefressen!« Da beginnt es denn doch im rauchenden Gehirn zu dämmern. Jetzt wartet Behn geradezu auf einen weiteren Anruf, und richtig:»Herr Professor Behn, ja? Hier Zugspitzwetterwarte! Ein Löwe ...«»Ja, weiß schon, jetzt aber leckts mi ...«

Diese Geschichte hat den Anlaß zu der Legende gegeben, die berühmten Leuen vor der Feldherrnhalle, von der Hand Wilhelm von Rümanns, hätten jenen Löwen Behns zum Modell gehabt. Das stimmt nicht. Arthur Rümann, der Münchner Galeriedirektor, hat mir berichtet, daß sein Vater, nachdem er lange nach einem geeigneten Modell gesucht hatte – er wollte unbedingt einen Löwen haben, dessen Mähne das Schulterblatt nicht bedeckt – endlich ein besonders schönes Exemplar in einer Menagerie auf der Oktoberwiese gefunden hätte, das seiner Vorstellung entsprach. Es war ein prächtiges dreijähriges Tier, das auf diese Weise in seine historische Aufgabe hinein- und gleich auf zwei Postamente hinaufstieg.

Übrigens hat Behn den Streich seines Kollegen nicht unerwidert gelassen. Er ließ zunächst eine Zeit vergehen und Gras über die Geschichte wachsen. Dann, als sich die erste günstige Gelegenheit bot, griff er als geübter Jäger jäh zu. Man hatte bei der Eröffnung der Kunstausstellung im Glaspalast eine schwedische Prinzessin von H. gesehen, die sich offenkundig besonders für Werke der Bildhauerei interessierte. Hierauf baute Behn seinen Plan. Er bat am nächsten Tage eine junge Bekannte zu sich, die einige Zeit in Schweden gewesen war und den Akzent gut beherrschte, und weihte sie, die als echte Schwabingerin zu jeder Schandtat bereit war, in seinen Plan ein. Man legte den ungefähren Text für ein längeres Telefongespräch fest und rief bei E. an. Behn, rasch und kurz, mit schnarrender Adjutantenstimme: »Ist dort Herr Professor E.? Augenblick! Ihre Hoheit Prinzessin von H. wünscht Sie zu sprechen!« Donnerwetter, pfundig! denkt jemand am anderen Ende des Drahtes, was mag jetzt kommen? Er hört eine feine weibliche Stimme, die in besonders bestrickendem Tonfall sagt: »Herr Professor, ich habe mir sagen lassen, daß Sie der anerkannte Spezialist für Grabmonumente sind. Würden Sie sich zutrauen, pardon, will sagen, es übernehmen, nach vorhandenen Gemälden eine Büste meines vor kurzem verstorbenen Vaters zu schaffen?« »Selbstverständlich, Hoheit.« »Sie haben gewiß von Ihren Meisterwerken Fotos zur Hand? Könnten Sie zu mir ins Hotel Continental kommen, damit ich an Hand Ihrer Beispiele die Richtung andeuten kann, wie ich mir das Monument – eine Büste auf hohem Sockel – ungefähr vorstelle?« »Aber gewiß, Hoheit.« »In welcher Art würden Sie sich den Sockel und in welcher die Büste denken?« »Den Sockel vielleicht in Untersberger Marmor, die Büste …« »Wie ist Untersberger Marmor? Kann ich das sehen?« Nun hat E. zur Zeit zwar einen mächtigen Block gerade geliefert bekommen, der draußen auf dem Handkarren liegt; aber der muß unbedingt ganz bleiben. »Wie meinen Hoheit? Nun ja, ich könnte Ihnen morgen eine Probe …« »Nein, nein, ich fahre ja schon heute abend. Könnten Sie nicht …« Man hört ein leises Stöhnen, das auf schwere Überlegungen schließen läßt. Aber was tut nicht ein Künstler für solch einen Auftrag? »Aber ja, gewiß, Hoheit, ich werde kommen. Nur muß ich Hoheit bitten, sich vor das Hotel bemühen zu wollen, da ich den Stein nicht gut von der Straße hinauf in Ihr Appartement … Hoheit verstehen?« »Gewiß, gewiß, also ich erwarte Sie im Continental – wann?« E. kalkulierte haarscharf. Der einzige, den er zur Hand hat, den Karren zu schieben, ist nebenan der Gärtner mit dem Holzbein. Es wird also nicht allzu schnell gehen, andrerseits hat Hoheit wenig Zeit – »Also gut!« entscheidet er sich, »in einer Stunde bin ich dort.«

Zehn Minuten gehen drauf, bis der Gärtner sich für Geld und gute Worte entschlossen hat, zu fahren, weitere fünf Minuten, bis er sich umgezogen hat. »Mann Gottes, was brauchen Sie sich umzuziehen? Hoheit wartet!« – »Eben drum! I ko do net vor aner Fürstlichkeit in dem Dreeck do ...«

Endlich schiebt man los. Es geht langsam genug. Mehr als einmal muß E. selber Hand anlegen und mitschieben; doch es hilft nichts, der Hott und Trott wird immer langsamer, und schließlich erklärt der Invalide, nicht mehr weiter zu können! Was nun? Umkehren hat keinen Zweck, mehr als den halben Weg hat man schon hinter sich. Natürlich ist wieder einmal kein Dienstmann weit und breit zu sehen! Und Hoheit wartet! Der ganze herrliche Auftrag ist in Gefahr. Es bleibt nichts anderes übrig, als in der Gluthitze den Karren selber weiterzuschieben. Völlig »dermatscht« kommt der Karrenschieber beim Continental an. Er geniert sich, in seinem aufgelösten Zustand zu dem Portier zu gehen, geschweige denn, unter die Augen von Hoheit zu treten; aber schließlich gibt er sich einen Ruck – der Auftrag! Meistens ist das nur der Anfang; wahrscheinlich werden sich die Spitzen der schwedischen Aristokratie reihenweise anschließen! ... Der Portier empfängt den wenig repräsentativen Künstler mit ausgesprochener Hochachtung. Ah, man spürt doch, was es heißt, von der Sonne einer Prinzessin beschienen zu sein! »Jawohl«, sagt der Portier, »vor zehn Minuten hat eine Frau Prinzessin hier angerufen, es sei ihr leider ein Irrtum passiert. Sie hatte vor der Herfahrt in Frankfurt im Continental gewohnt und hätte sich daher versprochen. Sie möchten doch bitte in die Vier Jahreszeiten kommen.« Auf der Deichsel seiner Karre sitzend, wischt der Künstler sich den Schweiß von Stirn und Nacken und denkt: Das kann ja so durch alle vier Jahreszeiten weitergehen. ... Dann gibt er sich einen Ruck und fährt los. Kommt zu den Vier Jahreszeiten, fragt beim Portier – »Leider nein, von einer Prinzessin von H. hier nichts bekannt.«

Da dämmert es dem unseligen Karrenschieber furchtbar – und er hätte am liebsten den Marmorblock mit Donnergepolter vom höchsten Olymp herab auf den verruchten Behn geschmettert. Aber schließlich und endlich, – er stand wohl noch in seiner Schuld. Wollte man fair sein, so mußte man zugeben, daß Rache süß ist.

Inspektionsbesuch aus Oweh

Für manche dieser Streiche hätte Schwabing doch noch mehr außerhalb der normalen Geographie liegen müssen, als dies wirklich der Fall war; denn schließlich gab es Eisenbahnen, deren Fühler vom ernsten, nüchternen Norden her bis nach München reichten … Diese Tatsache spielte mancher blonden Kunstschülerin übel mit, so auch unserer heiteren Magda.

Nach einem vollen Jahr München war sie noch immer damit beschäftigt, für ihre komplizierte Begabung den richtigen Lehrer ausfindig zu machen, und dehnte zu diesem Behufe, gewissenhaft wie sie war, ihre Künstlerbekanntschaften immer weiter aus. Da sie das bängliche Gefühl hatte, bald sogar den Diogenes zu übertreffen, der mit der Laterne umherging, um einen Menschen zu finden – so schrieb sie auf den guten Rat des ihr befreundeten Malers Rudi einstweilen heim, sie studiere bei Professor Franz von Stuck.

Das wäre nun gut und schön gewesen, wenn nicht eines Tages aus ihrem Heimatstädtchen – ich habe den Namen vergessen; weiß aber noch, daß es auf ow endete, was Magda selber so auszudrücken pflegte: Sie stamme aus »Oweh« – ein Telegramm gekommen wäre, das wie Blitz und Donner einschlug: Magdas Vater und Onkel wollten sie gelegentlich einer Italienreise aufsuchen. Sie wußte im Nu: Das war ein richtiger Inspektionsbesuch aus Oweh. Gründlich und gewissenhaft wie Papa war, dieser Oberregierungsrat im Ruhestand mit Schwarzem Adler 4. Klasse, würde er wünschen, mit Herrn Professor von Stuck, dem derzeitigen Treuhänder seines Augapfels Magda, bekannt gemacht zu werden und die weitere Ausrichtung des künstlerischen Lehrplanes durchzusprechen. Magda eilte zu Rudi. »Was tun?« – Sehr einfach. Man würde, um den Schwarzen Adler gleich bei den Hörnern zu packen und den hierarchischen Ernst im ersten Anlauf zu brechen, ein Atelierfest bei Professor von Stuck veranstalten und die beiden alten Herren in jeder Weise benebeln. Rudi selbst würde Stuck vorstellen, die Rolle der Frau Professor würde Mizzi, das Aktmodell mit der Renaissancefigur, übernehmen, und so ging das weiter. Ein Aufgebot von etwa zehn »berühmten Künstlern« wurde auf die Beine gebracht, so berühmten, daß ihr Ruf selbst bis Oweh gedrungen sein mußte, und zwei Beine davon waren die meinen. Und da damals gerade der Spanier Ignacio Zuloaga für Europa das war, was heute Picasso ist, mußte auch er mit dabei sein, um dem imposanten Treffen ein internationales Air zu geben. Ein prächtiger Alter mit gewaltigem Vollbart, ein Akademie-Modell mit versoffenem Charakterkopf, würde sich als Zuloaga sehr gut machen – so meinte man.

Das Fest begann »mit Würde, nicht ohne Heiterkeit«, in der Tonart, auf die sich Schwabing so gut verstand. Die beiden seriösen Herren waren sichtlich von der europäischen Atmosphäre tief beeindruckt, in der sich Magda so selbstverständlich bewegte. »Jetzt müßte dich ganz ...ow sehen!« hörte ich den Papa sagen, »diese Spießer werden ja doch nie merken, was Schwabing bedeutet!«

Wir waren aber bemüht, durch rasch zugeführten Alkohol dafür zu sorgen, daß sich die Physiognomien unserer »Berühmtheiten« nicht allzu nachhaltig einprägten. So befreite sich die Stimmung immer mehr vom drückenden Zwang, die Frau Professor von dem hemmenden und allzu heißen Oberkleid und Meister Zuloaga von lästigen Tischmanieren. Er fing an, Ölsardinen mit den Fingern aus der Büchse zu holen und die Finger am Tischtuch abzuwischen. Es war doch Zeit, zum Aufbruch zu blasen. Die Herren aus ...ow waren schockiert, wie rasch doch der aufgelegte Firnis von dem Künstlervolk abblätterte, fanden aber schließlich doch Trost darin, daß sich die Wirklichkeit mit ihren aus ...ow mitgebrachten Vorstellungen hundertprozentig deckte. Sie zogen vor, sich zu empfehlen.

Am nächsten Morgen meinte der Onkel, nun müsse man aber doch der Frau Professor mit einem Blumenstrauß in ihrer Privatwohnung einen Dank- und Abschiedsbesuch abstatten. Magdas Vater fand das nach dem Erlebten übertrieben; aber der Onkel bestand darauf. Gerade erst recht müsse man diesen Leuten, die der Staat noch dazu mit dem Titel Professor ausgezeichnet hatte – »das wäre natürlich in Preußen völlig unmöglich!« – zeigen, was in besseren Kreisen formvollendete Manieren sind. So sah man also im Adreßbuch nach: Stuck, Eduard von, Professor an der Akademie der bildenden Künste, Prinzregentenstraße Nr. ... Mit einem großen Rosenbukett fuhr man hinaus. Schon das Gesicht der Frau Professor machte die zwei Männer wanken. ... Das war ...? Das war doch nicht die Dame von gestern, die sich beim Souper ihrer Oberkleider entledigt hatte? – Und so kam denn nach und nach alles heraus ...

Der Zorn der Gefoppten war fürchterlich. Der Oberregierungsrat fuhr völlig aus dem Ruhestand und den ganzen Tag in München umher, um eine höhere Dienststelle mobil zu machen, die mit ihm dem Künstlervolk Urfehde schwören sollte. Am liebsten hätte er wohl bei der Kgl. Preußischen Gesandtschaft (die es damals noch in München gab) ein Ultimatum erwirkt. ... Allmählich verpuffte seine Wut; die letzten Knallfroschzischer waren natürlich gegen Magda gerichtet. Sie sollte sofort nach ... ow zurückkehren. Aber da erwies sich der Onkel als der feinere Diplomat: Das Mädchen Knall und Fall dem Kleinstadtklatsch auszuliefern, war nicht ratsam; da könnte man möglicherweise selber unter die Räder kommen; man kannte doch sein liebes ... ow!

Magda hat sich übrigens hernach prachtvoll durchs Leben geschlagen. Wie man denn überhaupt nicht annehmen darf, daß deshalb, weil hier nur von Lebensübermut und von Schwabinger Geniestreichen erzählt wird, schier alles nur daraus bestanden habe. Der gute Wille zu einem massiven Lebensunterbau war überall vorhanden; er setzte meistens ein, sobald sich die erste Gelegenheit dazu bot, und dann erwiesen sich die meisten als tüchtige Arbeiter im Weinberg des Herrn. Denn sie waren darin ja einstens fröhlich gewesen, und nichts verleiht mehr Schwung fürs ganze Leben als einmal in vollen Zügen genossene Fröhlichkeit.

Ich habe Magda nach vielen Jahren wiedergetroffen. Da war sie, selber schneidernd, die solide Ehefrau eines Dekorationsmalers geworden.

An einem Ende allerdings lugte der bunte Zipfel burschikoser Allotria noch aus dem Ernst des Lebens hervor: Sie schneiderte im Fasching die hübschesten, phantasievollsten Firlefanzereien für die Schwabinger Feste. Sie wob wohl manches Fädchen eigener Erinnerung hinein.

Volles Haus im »Simpl«

Der Vorkampf, den um 1910 Schwabing und alles was zu ihm hielt, gegen den Bourgeois, mit oder ohne Adlerorden, gegen das Muckertum und den »moralinsauren Kadi« führte, hat viel dazu beigetragen, eine Zeit mit frischerer Luft und Atemfreiheit heraufzuführen. Der Stoßtrupp waren die Satiriker des »Simplicissimus«, und schon dadurch gewann die »Simpl«-Künstlerkneipe der Kathi Kobus immer mehr an Nimbus. Es kam hinzu, daß Kathi in der Wahl ihrer Künstler eine glückliche Hand hatte. Vor allem mit einem zog sie das Große Los: Joachim Ringelnatz. Als wir uns im »Simpl« begegneten, gaben wir uns lächelnd einen Rippenstoß. Wir kannten uns nämlich schon, und der Rippenstoß hatte seine Geschichte. Einige Jahre vorher saß ich in der literarischen Redaktion der »Münchner Post« auf dem Stuhl, den zuvor Hermann Eßwein zu Ansehen gebracht hatte, und schrieb an einem heißen Sommernachmittag hemdärmelig meinen Theaterbericht. Da wurde mir ein unbekannter junger Mann gemeldet, der dringend den Verfasser eines jüngst erschienenen Artikels über eine atlantische Segelschiff-Fahrt zu sprechen wünschte. Dieser Schreiber war zufällig ich selbst, soeben heimgekehrt von diesem Ausflug ins blaueste Blau. Ein schmächtiger Junge in blauer Matrosenjacke trat ein und stellte sich vor: »Bötticher, Hans Bötticher, Seemann.« Der Nachdruck lag, ich höre es noch heute im Ohr, auf dem »-mann«. Leichtmatrose wäre wohl richtiger gewesen. Er kam, um mir zu sagen, daß etwas in meinem Artikel »seemännisch« nicht stimme. Segelschiffe seien schwer zu behandelnde Lebewesen und wollten begriffen sein, – mit Liebe und Geduld. Er kenne sie, ebenso wie die gröberen Dampfer, – die sich in einem seiner besten Gedichte bekanntlich auf »Sauerampfer« reimen.

Zum Beweis seiner Schiffererfahrung legte der Besucher ein Buch auf meinen Schreibtisch. Ich las zunächst den Titel: »Tagebuch eines Schiffsjungen« von Hans Bötticher ... Das also war er, der »Seemann«! Um mein angeschlagenes Selbstgefühl wieder aufzurichten, fragte ich ihn, ob er auch boxen könne. Der Schmächtige stellte sich in Positur, die Linke schlagbereit. Ich selbst trainierte damals auf Amateur-Meisterschaft im japanischen Jiu-Jitsu. Im Verlauf unserer redaktionellen Auseinandersetzung brachte ich ihm eine verblüffende Hiebparade bei und den Abwehr-

»Nasengriff«. Wozu hatte er auch einen so herausfordernden Zinken im Gesicht? – So waren wir uns ganz unliterarisch nähergekommen, noch ganz fern von Schwabing.

In derselben Nacht las ich sein Tagebuch, und tags darauf schrieb ich ein ganzes Feuilleton über diesen ungekünstelten, von kindhaftem Herzen heruntergeschriebenen Erlebnis-Bericht eines noch unbekannten Dichters. Jenes Buch gehörte zu den Schätzen meiner verbombten Bibliothek. Es blüht in meiner fernen Erinnerung wie eine nie welkende Meerblume.

Ja, und nun begann er im Simpl zu kabaretteln, ein wenig schüchtern anfangs. Es steckte in ihm ein ungewöhnlich zarter Mensch, und im Grunde fühlte er sich nur wohl, wenn er mit einfühlsamen Menschen seiner Art umgehen konnte. Als »alkoholisierter« Seemann leicht vor- und rückwärts schaukelnd, – hatte er einen tollen Erfolg. Man spürte in ihm das Urwesen, den Sindbad-Seefahrer der Menschenseele, den ein Schicksalswind über die Weltmeere her zu uns in die Boheme geweht hatte. »Ja, der ist eecht!« war der Ausruf, der immer wieder um ihn laut wurde, und diese höchste Auszeichnung, die der Münchner zu vergeben hat, das »Echtsein«, traf auch wirklich seinen Kern. Es gibt dafür keine treffendere Geschichte als die seines Tabakladens. Er führte eine Zeitlang einen kleinen Tabak-Trafik in der Amalienstraße, dessen Kunden natürlich vorwiegend Boheme-Freunde waren. Dort zu kaufen, muß ein reines Vergnügen gewesen sein. Wenn einer um eine Schachtel Zigaretten vorsprach, gleichzeitig aber gestand, momentan an chronischem Geldmangel zu leiden, so sagte Joachim leise, aus innerer Vornehmheit fast zaghaft: »Na, denn nimm dir was aus der Cassa!« (er hat nie ganz den sächsischen Anflug abgelegt) und zog sich diskret durch einen Vorhang auf ein Weilchen ins Hinterzimmer zurück.

Später hat Ringelnatz, dieser See-Weltmann »Kuttel-Daddeldu«, sich in der Art des Sonntagsmalers Rousseau auch mit Stift und Pinsel betätigt und hatte auch darin Erfolg. Man konnte erleben, daß es um einen »Ringelnatz« ein richtiges Geriß gab. Als die Galerie in der Ottostraße ihm eine Kollektiv-Ausstellung bereitete, rief Maria Bard, die unvergessene Kleopatra der Kammerspiele und Gattin von Werner Krauß, bei ihm an, um unbedingt ein Bild zu erwerben, nur war sie nicht schlüssig, ob »Tiefsee« oder »Dienstmädchen im Nebel«. Unmittelbar darauf kam ein Anruf von Hans Arthur Thies, er möchte »Dienstmädchen im Nebel« kaufen. »Ja, aber –« »Kein aber! Fest und abgemacht!« Ringelnatz rief in seiner Verzweiflung die Bard an, um sie näher zur »Tiefsee« heranzuziehen; aber sie witterte sofort den Braten und kaprizierte sich nun ausschließlich auf »Dienstmädchen«. Was tun? Joachim, der olle Seemann, wußte einen Ausweg aus jeder Klemme. Er lud die beiden Kontrahenten zu einem Glas Selterswasser ein, so daß sie zur gleichen Zeit im Salon bei »Fritzchen« (dem berühmten in Spiritus aufbewahrten Embryo unter Glassturz) zusammentrafen und füllte die Selterswassergläser mit Steinhäger. Selbst nüchtern wie ein alter Fakir, schied er, suggerierend und hypnotisierend, die Interessenkreise sauber auseinander und konnte die Kaufbescheinigungen ausstellen: Maria Bard war völlig in die farbenglosende »Tiefsee« versenkt und überzeugt, daß sie nie etwas anderes hatte haben wollen – und H. A. Thies konnte mit seinem »Dienstmädchen im Nebel« heimziehen … wie er mir gestand, ziemlich dickem Nebel. Das Bild hat Direktor Rümann später für die Städtische Galerie erworben.

Dieselbe Suggestionskraft hatte Ringelnatz als Sprecher. Wenn er sein Gedicht vortrug von den Gästen, die »auf den Bilderrahmen sitzen«, glaubte man die Reihe derer, die tatsächlich auf Klavier, Harmonium und Eisschrank saßen, über die Bilderrahmen hin fortgesetzt zu sehen. Das Köstlichste aber, das er in den »Simpl« einführte, war das Element der Selbstironie. Der rote Hund, der an dem Pfropfen der Sektflasche herumknabberte, würde sich hüten, die Flasche je aufzubringen, so sagte er, denn der Hund sei wasserscheu. Auch verriet er ungeniert das Rezept von Kathis berüchtigter Ananasbowle: »Im Hofe links steht eine Tonne / Am Himmel oben steht die Sonne / Und zwischen Sonne und dem Faß / Steht Kathi mit der Ananas / Besagtes Faß enthält statt Bier / Aqua und H_2SO_4 / Und wenn (jetzt wird die Kathi blaß) / Der Schatten von der Ananas / Dann auf die Wassertonne fällt / Dann – ist die Bowle hergestellt.«

Man kann sich denken, wie das von allen Seiten lachend bejubelt wurde. Die mageren Jahre des »Simpl« waren zu Ende; die Kathi hatte ein volles Haus. Und ihre Stammgäste, darunter wahre Originale, sorgten dafür, daß es den »Zuschauern« nie langweilig wurde.

Das längste dieser Originale, zwei Meter lang, Fritz Klein, war das echteste »Urvieh«, das ich je im Leben kennengelernt habe. Ein Kerl, gebaut wie ein Torpedo, der als Trimmer oder Hafenarbeiter oft sein Brot verdienen mußte, am liebsten aber als loser und freier Vogel in Gottes gesegneten Tag hineinlebte. Wenn in den Isarauen das frische Grün und die silbrigen Kätzchen sproßten und die Luft voll Frühlingsahnung war, hielt es ihn nicht mehr in der städtischen Winterhaft. Er stopfte seine Pfeife, hängte Rucksack und Klampfen um und wanderte südwärts, einmal nach Konstantinopel, ein andermal nach Barcelona, wo ich ihn einst im Hafenviertel, am »Parallelo«, als Ansichtskartenhändler wiederfand. … Nie-

mals hörte ich jemand mit der imaginären Summe von »hundert Mark«
so phantastische Luftschlösser bauen.

Überhaupt war sein Tick das Geld. Er stand zu ihm im gleichen Verhältnis wie ein alter Fuchs zu einem alten Fallensteller: Er hoffte zeitlebens, es zu überlisten. Eine Zeitlang zahlte er – w e n n er zahlte! – mit einem merkwürdigen Privatgeld. Die Völker haben ja im Laufe der Jahrtausende schon mit allem Möglichen gezahlt. Mit Fellen, Muscheln, schönen Töchtern, Rindern, Datteln, blonden Haaren, Kokosnüssen und wer weiß was; ein Amerikaner erzählte uns im »Simpl« einmal bei Gelegenheit des Themas Fritz Klein, daß in der Mitte des vorigen Jahrhunderts ein Zeitungsverleger in Vermont ankündigte, er sei bereit, sich jedes Abonnement und jedes Inserat mit Gemüse zahlen zu lassen, ausgenommen mit Bohnen, weil er sie nicht vertragen könne. Fritz Klein trug, nach runden Summen sortiert, ganze Bündel von Pfandscheinen bei sich, und mit ihnen bezahlte er. Er gehörte zu jenen Schwabingern, die von Zeit zu Zeit spurlos verschwanden, niemand wußte wohin, und dann fröhlich wieder auftauchten, als hätte man sich gestern erst gesehen. Die Anziehungskraft aber, die bekanntlich zwischen Menschen von ausgefallener Art herrscht, zog ihn immer wieder zu einem anderen Original und »Simpl«-Stammgast hin, mit dem wir die seltsamste Extratour zwischen Schwabing und Montmartre gemacht haben.

Da verkehrte eine Zeitlang bei der Kathi Kobus als treuester Stammgast ein ungarischer Graf. Er hatte sich auf Grund seiner echt ungarischen Reichtümer alle möglichen Streiche geleistet und bereits eine gewisse Berühmtheit erlangt, als er diese durch einen unausdenklichen Meisterstreich überbot. Im Morgengrauen einer durchtollten Faschingsnacht lud er den ganzen »Simpl«-Tisch, an dem er saß, zu einer improvisierten Spritztour nach Paris ein. Kostümiert wie jeder und jede war, traf man gegen Abend an der Gare de l'Est ein und erkletterte sofort den Montmartre. Die Nacht wurde bis zum abermaligen Morgengrauen durchgezecht – immer alles auf gräfliche Kosten. Gegen Mittag versammelten wir uns zum Morgenkaffee in einer hübschen kleinen Patisserie. Aber nun ging das in dem Faschingsaufzug doch nicht so weiter. Sogleich spielte der Herr Graf zu einem neuen Tänzlein auf. Er ließ einen Geleitzug von Droschken und Fiakern anfahren; wir stiegen hinein und fuhren hinunter in die vornehmen Geschäftsstraßen von Paris. Dort war freilich das Staunen größer als auf dem Montmartre. – Es gab, wie es in der Jobsiade heißt, ein allgemeines Schütteln des Kopfes. Aber als wir unsere ersten dringendsten Einkäufe getätigt hatten, wurde das Staunen zur Bewunderung: Die ganze Gesellschaft wurde neu eingekleidet. Die Damen »von unten bis oben«, von den Stöckelschuhen bis zu den Pleureusenhüten. Die Herren bekamen, von den Straßenanzügen angefangen bis zu Frack und Zylinder, alles, was zu Ausflügen in die mondäne Welt notwendig war. Eine Woche lang machten wir die Nachtlokale von Pigalle und Tabarin bis zum Moulin de la Galette unsicher. Als der letzte gräfliche Pengö verausgabt war, fuhr man zum K. u. K. Generalkonsulat und forderte telegraphisch das Rückreisegeld an.

Eine tolle Geschichte hat sich der Graf bald darauf zusammen mit Fritz Klein geleistet. Ihr Ende war dann allerdings auch zugleich das Ende seines galoppierenden Mäzenatentums. Er ging mit Fritz in einen Altkleiderladen am Unteren Anger und ließ sich und seinen Kumpan in abgetragene Handwerksburschendreß einkleiden. Einen tüchtigen Knüppel zur Hand genommen – und so walzten die beiden los ins bayrische Alpenvorland. Wo sie einkehrten, war der Empfang nicht übermäßig freundlich, bis der große Überraschungsschreck kam: »Zenzi, zahl'n! Zwei Glas Bier! ...« Der eine Handwerksbursche greift in die Westentasche und zieht einen Goldfuchs heraus ... »Augenblick, Herr! Da muß i erscht wechseln!« »Nein, lassen Sie nur gut sein!« sagt der Handwerksbursche herablassend, »es stimmt schon!« ...

Man kann sich denken, mit welchen Augen man hinter den beiden hersah.

Aber das ging nicht lange so. Die Kunde von den zwei goldreichen Handwerksburschen verbreitete sich wie Lauffeuer. Die Polizeistationen telefonierten wie narrisch ringsumher nach irgendeinem Mord, Raubüberfall oder Kasseneinbruch – aber nichts! Nirgends im damals so friedlich gesitteten Bayern ein verdächtiges Anzeichen! Trotzdem benachrichtigte man die nächste Kreisstadt Dingsda, auf welche die beiden Stromer zusteuerten. Als sie dort eintrafen, empfing sie bereits der berüchtigte »Zeiserlwagen« mit dem Gittertürl am hinteren Verschlag. Aber darauf hatte der Graf nur gewartet. Auch er hatte telefoniert. Als der »Zeiserlwagen« vor dem Gefängnistor hielt, rollte bereits eine blitzblanke Herrschaftskutsche mit der Grafenkrone heran. Während der Kutscher stocksteif mit gesenkter Peitsche grüßte, sprang ein livrierter Diener vom Kutschbock, riß den Verschlag auf und rief mit tiefer Verbeugung: »Der Wagen des Herrn Grafen ist zur Stelle!« Es bleibt ein Wunder, daß die umstehenden Dingsdaler nicht ein Pauschal-Schlaganfall traf.

Aber dieses war der letzte Streich des ungarischen Grandseigneurs. Kurz darauf entzog ihm seine Familie durch Entmündigung das Vermögen und ihn selber zum allgemeinen Bedauern der Schwabinger Chronik.

Das genaue Gegenstück zu dem langen Klein war der kleine Hoerschelmann. Er war der heimliche König von Schwabylon. So hat ihn auch Willi Geiger auf einer Zeichnung in einem Kreis von Schwabinger Künstlern dargestellt, und ich werde gleich erzählen, inwiefern mit Recht; aber an Gestalt war er ein Zaunkönig: ein winziges Männchen mit dünnem, rötlichem Haar und Knebelbart und einer Fistelstimme, die sich im schönsten Baltisch darbot. Aber nicht nur der Statur nach war Hoerschelmann das Gegenstück zu unserem Fritz. Er war sparsam, ein haushälterisches Genie, das jedem Finanzminister zum Vorbild hätte dienen können, und legte jeden Pfennig, den er als Zeichner und Mitarbeiter des »Simplicissimus«, der »Jugend«, der »Fliegenden Blätter« verdiente, in seiner Sammlung an. Diese Sammlung hieß – Schwabing. Schon früh war er, hingerissen von der reichen, bunten Kulturlandschaft Wahnmochings, daraufgekommen, in ihr sozusagen mit der Botanisiertrommel umherzusuchen; seine Käfer und Schmetterlinge aber waren Dokumente Schwabinger Lebens. Jedes Heft, jede Skizze, jedes Foto, jede Zeitungsnotiz, deren er habhaft werden konnte, sammelte er und ordnete alles nach Themenkreisen in große Mappen.

Wilhelm Busch hat einen Münchner Bilderbogen hinterlassen, »Der kleine Maler mit der großen Mappe«: Hoerschelmann war der kleine Maler mit einem ganzen Berg von großen Mappen. Wenn er einen Gast besonders auszeichnen wollte, holte er einen Teil seiner Schätze herbei und begann zu blättern und zu erzählen. Da zeigte er sich dann in der ganzen Größe seines Königtums. Er durchschaute die Provinzen Schwabings mit souveräner Kennerschaft, wußte über alle und jeden Bescheid, kannte Lebenslauf und Verhältnisse seiner phantastischen Untertanen, konnte die geheimen Kanäle und Verschachtelungen entdecken, die zwischen Freund und Feind bestanden. Kurzum, Schwabing war sein inneres Reich. Dies im vollen Umfang aufrecht zu erhalten und seinen Bestand zu mehren, opferte er alles. Auf sein äußeres Reich hatte er so gut wie ganz verzichtet. Vom Schwabinger Leben und Treiben machte er nur gerade so viel mit, wie seine Herrscherpflichten heischten. Wurde ihm der Betrieb dann einmal zu bunt, hatte er draußen an seinem geliebten Starnberger See eine Jolle, mit der er in die Einsamkeit fahren konnte; er benannte sie bezeichnenderweise »Osakrameiruah«.

Eines Abends kam ich, von einer Auslandsreise zurückgekehrt, in den »Simpl« und gerade dazu, wie »der kleine Hoerschel« von einem stimmgewaltigen Quartett mit dem »Ischias-Lied« empfangen wurde: »I schiaß den Hirsch im wilden Forst, im stillen Wald das Reh« ... Dabei wurde mit Kannibalengebrüll der Kehrreim geschmettert: »Und dennoch hat die wilde Brust die Liebe auch gefühlt!« – Was war los? Hoerschelmann, der eingefleischteste Junggeselle von Schwabing, hatte geheiratet! Aber der Anfall war nur kurzfristig. Aus der Zerstreuung kehrte Rolf bald wieder zur »Sammlung« zurück, der über alles geliebten, und zurück zu »Osakrameiruah«.

Man kann sich denken, wie dies »Simpl«-Milieu, ein wahrer Geschichten- und Anekdoten-Kraal von wimmelnder Fülle, die Außenwelt faszinierte und anzog. Die Kathi und ihre Kasse strahlten. Ich wundere mich noch heute, wie sie ihre ständig wachsenden Heerscharen organisierte. Das erste war, daß sie den langen Gang, den »Darm«, der den rückwärtigen Raum vom vorderen trennte, noch dichter als bisher mit Tischen und Stühlen verstopfte. Er wurde auf diese Weise zu einem wirksamen Filtrierwerk ausgebaut. Die Sauvegarde, die dort saß, brauchte nur die Beine überzuschlagen, und schon konnte niemand mehr durch. Nach rückwärts wurden nur die »Granden« durchgelassen.

Dies war nun auch höchst notwendig. Man mußte die Menge der kostbaren Mäntel und Pelze sehen, die sich da hinten während eines Abends als wahre Gebirge ablagerten, um zu begreifen, daß Vorsicht geboten war. Eine Garderobe gab es ja nicht; Küche, Speisekammer und Garderobe waren eins, und statt der fünfzig Personen, die bequem Platz gehabt hätten, gab es Abende mit zwei- bis dreihundert.

Wenn dann schon alles knüppelvoll war und die Irber nach ihrem Auftreten im Intimen Theater mit einer Eskorte von Verehrern hereinkam, die Kathi über alles hinweg schrie: »Nur allwei hereinspaziert, 's ist noch vui Platz herin!« da konnte ein weniger robustes Gemüt Platzangst befallen.

Rosen im Eisbärpelz

D as dramatischste Ereignis habe ich erlebt, als eines Abends Isadora Duncan im »Simpl« tanzte. Ja, die Isadora, die erste Barfußtänzerin der Welt – wie vorsichtig fing doch die Nacktkultur an! – kam zu uns. Man denke, was das hieß: Sie legte ihren kostbaren Eisbärpelz auf das Mantelgebirge im Hintergrund, verzog sich in den ersten Stock, wo die Kathi ihre Privatwohnung hatte, kam im leichten griechischen Hemd wieder herunter, stieg auf einen der runden Marmortische und begann zu tanzen. Tanzte hingerissen und hinreißend auf dem engen Rund, das wir zu dritt mit vereinten Kräften festhielten, und der Marmortisch schien auf einmal vor unseren Augen ein Stück hellenischer Antike … Da schäumte ihr der Sekt aus vollen Bechern entgegen, und man meinte, die Loslösung aus allen Philisterfesseln zu erleben. Als die Gefeierte dann zu später Stunde aufbrach und ins Hotel fahren wollte, erhob sich im Hintergrund Gemurmel, Lärm, empörtes Stimmengewirr: Der Mantel der Duncan war weg. Man stieß Schächte, bohrte Tunnels in das Hochgebirge: Er blieb verschwunden. Man mußte Isadora in einen Herrenulster und dergestalt in einen Fiaker stecken. Der halbe »Simpl« gab ihr das Geleit.

Am nächsten Morgen war der »gestohlene Mantel« die erste bange Frage aller an alle, die dabei gewesen waren. Ein Wunder war geschehen. Das Zimmermädchen hatte an Isadoras Tür geklopft: Ein Dienstmann sei da, der den Auftrag habe, etwas persönlich abzugeben. Die Künstlerin öffnet, der rotbemützte Münchner Schnauzbart reicht einen Eisbärmantel durch die Tür, den er sackartig an den Zipfeln hält, und der Mantelsack ist dick geschwellt von einer Füllung herrlicher roter Rosen … Sie nahm ihn mit einem leisen Aufschrei entgegen und schenkte dem Überbringer ein goldenes Zehnmarkstück. Da hat man einen Münchner Dienstmann den Kopf schütteln sehen.

Anfangs selten, dann immer öfter und erfolgreicher hatte das weibliche Element im »Simpl« mitzuspielen begonnen.

Trotz siebenmaliger offizieller Verlobung, die jedesmal – mit einer noch pfundigeren Entlobungsgaudi aufhörte, liebte es die Kathi, sich mit aparten Frauen zu umgeben. Zu ihnen gehörte zunächst Anny Trautner, eine damals junge schlanke Tänzerin mit hübscher Singstimme, die es inzwischen zum stämmigen Format ihrer Meisterin gebracht und von ihr auch sonst noch einiges gelernt hat. Dann die polar entgegengesetzte, zärtlich feine Lyrikerin Emmy Hennings, die in Schwabing nicht glücklich wurde und ihrem Gatten Ball nach Ascona folgte, wo sie auf dem romantischen kleinen Friedhof ruht. Die aparteste von allen war die »engelhaft ruchlose« Lotte Pritzel, Schwabings erste Puppenplastikerin im dekadenten Beardsley-Stil, witzige, männerbetörende Vorläuferin der vornehmen Bohemienne Irmgard Kaupisch von Reppert, die in einer ganzen Galerie schwabingerischer Charakterpuppen die verschrobene Welt von heute karikiert. Und schließlich Marietta, die ich schon vor dem Ersten Weltkrieg blutjung am Tisch des Dichterkönigs von Montparnasse, Paul Fort, in der »Closerie des Lilas« sitzen sah, die dann im gefährlichen Hafenviertel von Marseille den Polizeipräsidenten persönlich als Leibwächter geangelt haben will und sich heute noch gern ins feudale Reincarnations-Geheimnis eines vielseitig begabten Boheme-Daseins hüllt. Ihr abrupt pointierter Vortrag schlug ein. Gerüchte irgendeines hohen Reichtums umschauerten ihre winzige Person; aber so etwas tut in Schwabylon gut. Solche Spannungen elektrisieren.

Die anerkannte Königin aber war »die Irber«. Mary Irber, zärtlich auch »die Mizzi« genannt. Sie ist aus einer Brauersfamilie hervorgegangen, ein echtes Münchner Kindl, schwarzhaarig und brombeeräugig, und hatte im Luftballett am Gärtnerplatztheater begonnen. Wenn sich sieben hellenische Städte darum gestritten haben, Geburtsstadt Homers zu sein – München brauchte sich um »seine Mizzi« nicht zu streiten. Aber mindestens sieben Schöne stritten sich darum, wer das Urbild von Wedekinds Lulu gewesen sei. Ich für meinen Teil möchte auf die Irber wetten; mindestens hat sie mit Wedekind als Partner die Rolle unvergeßlich gespielt. Wenn sie nach der Aufführung, nicht selten mit dem Dichter, als bewunderte Diva in großer Begleitung in den »Simpl« kam, ging ein Raunen durch das ganze Lokal. Mochte sie dann wollen oder nicht, sie mußte aufs Podium und ihr »Lied vom Bettelprinzeßchen« singen:

»Ich lebe meinen Schlendrian
Und tu', was mir gefällt …
Und sollte auch mein Hemd
Aus hundert Löchern schimmern,
So hat sich doch kein Mensch,
Kein Mensch darum zu kümmern!«

Ja, die leeren Jahre waren im »Simpl« vorüber, er war Mode geworden, und die rote Bulldogge brauchte nicht mehr vergebens ihre Sektflasche – obwohl »Hausmarke« – anzubieten. Kein Sektpfropfen konnte da mehr zur Erde fallen.

Feine Leute, hohe und höchste Herrschaften waren überzeugt, an einer Bildungslücke zu kranken, wenn sie den »Simpl« und Kathi Kobus nicht kannten. Der Prinz von Wales, Zar Ferdinand von Bulgarien, der König der Belgier und andere Fürstlichkeiten statteten ihren Besuch ab, und eines Abends kam sogar, in Zivil und tiefstes Inkognito gehüllt, der Deutsche Kronprinz Friedrich Wilhelm. Über den Witz, den Kathi an diesem Abend fast schon mit der Genialität eines alten Hofnarren ausspielte, haben wir lange gelacht.

Trotz aller Vorsichtsmaßregeln hatten einige norddeutsche Studenten von der Anwesenheit des Kronprinzen Wind bekommen. Kathi wußte genau, daß hierorts nichts peinlicher sein würde, als ein spontanes »Hoch« auf den künftigen Landesvater. Sie gab also Order, jede Möglichkeit einer Ovation gleich im Keim, nämlich im Vorraum, zu ersticken. Trotzdem brachten es einige mit weithin hörbarer Forschheit fertig, sich durch den »Darm« zu zwängen. Im nächsten Augenblick mußten hoch droben im Geistergewölk des »Simpl« zwei berühmte deutsche Zitate, aus dem Prinzen von Homburg und dem Götz von Berlichingen, aufeinanderprallen – da erhob sich die Kathi, führte mit gut bayrischer Wirtsfrauen-Routine die Unentwegten in die platte Wirklichkeit zurück. Dann setzte sie sich zu Friedrich Wilhelm und meinte: »Jetzt sagen S' amal selber, Hoheit, san s' net greisli, diese Preiß'n!?«

»Kathis Ruh«

Nach neun Jahren Arbeit, die gewiß nicht leicht gewesen waren, hatte Kathi einen »Simpl-Tunnel« gebohrt mit prächtigem Ausblick auf eine Villa in Wolfratshausen und einem Goldschatz von annähernd einer Million Mark. Andere behaupten, es sei etwas weniger gewesen. Sie selber hat freiwillig achthunderttausend zugegeben. Die Villa bezog sie und den Goldschatz legte sie in Papieren an.

Draußen in Wolfratshausen ist uns noch unerwartet ein verborgenes Stück aus Kathis Leben enthüllt worden. Fast jeder, der sie kennenlernte, dieses resche, vollblütige Weib, hat sich Gedanken gemacht: Sie kannte die halbe Männerwelt des Globus, der sich auf Kobus reimte, und sollte nie einem Mann verfallen sein?

Da sie die Hintergedanken ihrer Gäste kannte, hat sie später, nach dem Ersten Weltkrieg, als sie schon in dem Alter war, wo Geständnisse nicht mehr schlimm sind, ihren offiziellen Hausdichter Ringelnatz beauftragt, eine »offiziöse« Erklärung auf diese Frage abzugeben. Er gab sie in Form jenes oft von ihm vorgetragenen Gedichtes »Kathi und die Freier«. Darin wurden ihr sieben große Lieben, sieben Verlobte, angedichtet. Der erste, ein Leutnant, »probierte nur ihren Wein, erschoß sich gleich und sagte: Nein!«. Der zweite Freier war »ein derber Oberbayer. Der wollte Kathis Schnurrbartspitzen zum Zähnebürsteln früh benützen«. Nach drei weiteren, wenig belangvollen Herren, kam der sechste, ein Anarchist. Als sie ihn zum Standesamt schleifen wollte, verschluckte er zwei Handgranaten. »Als sich der Pulverdampf verzogen, da war der Rotgardist verflogen.« Und der siebente Herr? … An dieser Stelle verbeugte sich Ringelnatz lächelnd: »Er heißt auf diesem Tingelplatz: Joachim Ringelnatz.« Das war die nette Schlußpointe. – Wie es aber in Wirklichkeit stand, wußten wir längst aus den Tagen vor dem Kriege, durch eine szenische Enthüllung, die wir in »Kathis Ruh« erlebten.

Und das kam so: Mit Käthe Hyan, unserer umschwärmten Katja, der »polnischen Nachtigall«, waren wir mit alten Schwabinger Freunden hinausgefahren nach Wolfratshausen, um der Kobus einen Besuch abzustatten. Unerwartet gerieten wir in einen Kreis schlagender Corpsstudenten, die dort beim Weine saßen. Katja, nach erfolgreicher Gastspielreise in beschwingter Laune, machte sich in ihrer geistvoll freien Art lustig über die steifen Manieren und plumpen Galanterien der Tafelrunde. Es kam zu heftigen Anrempelungen mit Katjas zwei Begleitern, die aber lieber bajuwarisch raufen als kommentmäßig ramschen wollten. Doch die anderen waren in erdrückender Übermacht. Kathi übersah die Situation sofort mit herrschgewohntem Blick und entschloß sich, augenblicklich zu handeln. »Sepp, Sepp!« hörten wir sie in den zweiten Stock hinaufschreien. »Kimm glei 'runter!« Ein unwahrscheinliches Stampfen, Fafners und Fasolts wuchtiges Schreiten, dröhnte herunter, und herein trat mit aufgekrempelten Ärmeln – »der Schutzengel«. Ein Riese, wie ich noch keinen sah, weit über zwei Meter hoch, mit baumstämmigen Beinen in einer Lederhose, zu der ein ganzer ausgewachsener Hirsch eben gereicht haben mochte. Er war kaum, unter dem Türrahmen sich bückend, eingetreten, da kehrte schon der Friede ein. Auf diese Weise lernten wir das Mannsbild kennen, das bisher noch niemand zu Gesicht bekommen hatte, von dessen sagenhafter Existenz nur heimlich an den »Simpl«-Stammtischen gemunkelt worden war – das männliche Zubehör in Kathis Frauenleben. Ich vermute, es ist jener »zweite Freier« gewesen, der die Schnurrbartspitzen Kathis als Zahnbürste benutzte ...

Phönix aus der Asche

Mit eingetriebenem Zylinderhut

D er erste, dem ich nach dem Kriege in der Türkenstraße begegnete, war ein Berliner Freund, der sich auf den geradesten Umwegen von der Front nach Schwabing durchgeschlagen hatte. Ich war in der schauderhaftesten Stimmung, aber der Freund schlug mir auf die Schulter und lachte: »Nu hör mal, ihr habt doch immer von dem Jeist Schwabings jesprochen. Na also. Ist etwas wirklich Jeist, dann zeigt sich das erst, wenn es wat uffn Zylinder jekricht hat.«

Der Gute hat recht behalten. Ereignisse hin – Ereignisse her: Man wurde in Schwabing damit fertig. Seine beste Fähigkeit hieß ja: Opposition gegen das Schicksal. Diese wurde nun bis zur Virtuosität ausgebildet. Der Hof war futsch – es gab nur noch »Prinzen auf Wartegebühr« –, das Geld war futsch, die Sicherheit war futsch, und es schien, als ob jene merkwürdige Germania-Briefmarke von 1910, auf der aus »Deutsches Reich« durch einen Typographiefehler »Dfutsches Reich« geworden war, richtig prophezeit hätte. Was aber Schwabing betraf, tat es bald die ersten tiefen Atemzüge. Die beiden, die am nachdrücklichsten die Atem-Massage betrieben, waren Kathi Kobus und Heinrich Fürmann.

Die Kathi hatte inzwischen das Los der Reventlow geteilt: Sie hatte ihr ganzes Geld zu nichts verrinnen sehen. So verließ sie denn 63jährig »Kathis Ruh«, stemmte die Arme in die Hüften und stellte wieder ihren Mann. Wenn auch etwas magerer als früher, wurde sie zum Kristallisationspunkt eines neuen »Simpl«. Tagtäglich kamen von überall her Briefe, einer der ersten war der des »Hausdichters«. Vom Nordseestrand schrieb Ringelnatz einen rührenden Ankündigungsbrief, dem er bald selber nachfolgte. Ob auch »mit eingetriebenem Zylinder«, die alten Freunde fanden sich wieder zusammen, und Kathi kam aus dem Wiedersehenfeiern gar nicht heraus. »München ist die Stadt, wo man seine Not am leichtesten verschmerzt – und wo ein Millionär seine Millionen am wenigsten genießen kann«, schrieb Roda Roda damals. Und baute auf diesem Grundsatz gleich die kostbare Schwabinger Theorie vom sozialen Ausgleich auf: »Der Millionär kann sich zwei Geliebte halten – der junge Maler vier. Es wäre töricht, die Existenz allgerechter Himmelsmächte anzuzweifeln angesichts von München-Schwabing.« Auch dem Polizeipräsidenten, der damals mit allen verfügbaren Paragraphenschlingen die »modernen«

Tänze oder vielmehr die Tanzpaare einfangen lassen wollte, gab er die schlagende Antwort: »Er wird das schwerlich erreichen. Einfach, weil's in Schwabing mehr Ateliers als Schutzleute gibt.«

Die zwei Göttinnen Isar-Athens, Pallas und Venus, Geist und Lebensfreude, in Schwabing am begeistertsten gefeiert, halfen ihren Getreuen, jetzt und später zu überdauern.

Zu den alten Schwabingern kamen neue hinzu, und im »Simpl« zogen Sterne erster Ordnung ein. Theo Prosel kam zur Kathi, Walter Hilbring, der einzige in allen Regierungsjahren Kathis, der im Frack auftreten durfte und sogar mußte, und vor allem Fred Endrikat. Mit ihnen kam der neue Ton. Das war Kathis Glück; denn jede Zeit will auf ihre Weise angesprochen werden. Auch der »Hausdichter« wurde jetzt krasser und schärfer. Seine tollste Nummer war »Seemannstreue«. Da machte er nämlich mit der sprichwörtlichen Treue übers Grab hinaus ernst und erzählte, wie ein treuer Seemann seine verstorbene Braut Alwine immer wieder aus- und einschaufelte, aus und ein, alles schrie vor Vergnügen, wenn er nur den Titel lallte. Aber dann sprang Kathi dazwischen und verbot ihm den Vortrag unter Androhung von Ohrfeigen. Ich bin heute noch überzeugt, daß dieses sich immer wiederholende Verbot abgekartete Sache zwischen den beiden war; es ließ sich ja wirklich ein z u schönes Spiel daraus entwickeln: Die Kathi holt zur Ohrfeige aus, Ringelnatz springt grinsend aufs Klavier, sie fleht das Publikum an, auf das Gedicht zu verzichten, man verlangt brüllend: »Seemannstreue! – Seemannstreue!« – Ringelnatz fängt auf dem Klavier mit dem ersten Vers an: »Meine längste Braut war Alwine« …; Kathi packt ihn: »Also jetza 'runter vom Klavier, du Saubazi, du ausgeschamter!« und zum Publikum gewandt: »Meine Damen und Herren, ich übernehme keine Garantie, wenn Ihnen schlecht wird!« – aber unnachgiebig verlangt alles im Sprechchor: »Seemannstreue!« – bis Ringelnatz endlich seine Moritat von A bis Z loswerden kann.

Besinnlich, humorvoll, dafür aber voll tiefer Weisheiten war der andere, der in diesen Simpl-Jahren neben Ringelnatz, der jetzt öfter nach Berlin auf Gastspiel ging, aufwuchs: Fred Endrikat. Ein langer Ostpreuße, der viele Jahre als Kumpel im westfälischen Kohlenpott unter Tag gearbeitet hatte. Unter der Erde hat er den Dichter in sich entdeckt. Wenn er nun mit seinen schmerzenden Augen und seiner stotternden Zunge zu sprechen begann, meinte man ihm das schwere Heraufkommen anzumerken. Er brachte zu jedem Auftritt ein dickes, zerblättertes Adreßbuch mit, das sein eigenes Zerblättertsein zu versinnbildlichen schien, und tat so, als ob er daraus vorlese. Wie wurschtig konnte er in sein Publikum hineinsprechen: »Nicht alles was sich reimt ist ein Gedicht, Nicht alles, was zwei Backen hat, ist ein Gesicht!« Wie köstlich brachte er das heraus, wenn er in »Pessimismus« referierte, wer bereits alles gestorben ist, vom kleinen Pipin bis zum alten Blücher, und dann schloß: »Kurzum, man ist sich seines Lebens nicht mehr sicher.« Pessimismus, aus dem Zeiterleben konzentriert auf Flaschen gezogen, aber zum Heilmittel destilliert und sublimiert, das war die n e u e Schwabinger Medizin. Mit einer kleinen Handbewegung wurden da die Erfahrungen der letzten Geschichtsepoche weggewischt:

Ein armer Narr, der sich vermißt,
der Dummheit Oberflächen zu ergründen.
Die allergrößte Klugheit ist:
sich mit der allergrößten Dummheit abzufinden.

Die besten Gedanken kamen Endrikat draußen in seinem Holzhäuschen in Leoni am Starnberger See, wo ihn seine Freunde gern besuchten und ihm beim Holzhacken zuschauten, dem er so leidenschaftlich oblag, daß er sich mit Kaiser Wilhelm II. verglich. Auch der kleine Hoerschelmann legte dort oft mit »Osakrameiruah« an. Dort draußen kamen dem Simpl-Dichter die besten Gedanken. Da brauchte bloß einer in den See zu spukken – und ein Gedicht war fällig: von dem alten Barsch, der den jungen Barsch warnt, auf solche Sachen reinzufallen. »Sei vor dem Schicksal auf der Hut, nicht alles was es schickt ist gut!« – Nur nicht nach allem schnappen! Denn da merkt man erst »des Schicksals Tücke: Wenn du recht hinschaust, ist es Spücke«. Er war ein Meister in der Handhabung seiner Mittel geworden, und wie bescheiden ging er dann hin und stellte alle Meisterschaft auf den Kopf:

Beherrscht man erst des Lebens große Sinfonie
und steht als anerkannter Virtuos und Meister da,
sucht man nach irgendeiner kleinen Melodie
und stümpert sie auf einer Kindermundharmonika.

Zwei aus dem Geschlechte Don Quixotes

Vielleicht war es kein Zufall, daß zwei Männer aus den »ehemals führenden Kreisen«, zwei Adlige, zu ragenden Repräsentanten des zweiten Schwabinger Reiches, zwischen 1920 und 1945, wurden? Don Quixote ist ja kein Einzelgänger. Man trifft Viertel-, Halb- und Dreiviertelfabrikate seiner Art überall. Durch all die Aufsteigerungen des spanischen Hidalgotums stößt wie durch eine Wolkendecke das hochragende Haupt jenes Überwelt-Genies Don Quixote, und so stößt auch anderwärts durch all die Ablagerungen uralt adliger Geschlechter zuletzt das spöttische Gesicht irgendeines närrischen Originals, eines Phantasten in Großfolio.

Da war der ehem. Kgl. Preußische Husarenrittmeister Friedrich von Mücke, ein Bruder des Seehelden der »Ayesha«. Er liebte es, den Erbadel seiner Herkunft auf den Wendengott Mykal zurückzuführen, und erzählte gern, wie er als Kind in der Gruft seines Ahnenschlosses bei Herrenhut mit den Gebeinen seiner Väter gespielt hatte. Traditionsgemäß wurde er Husarenoffizier, und wenn er seine blauen Reiterlein sonntags zum Gottesdienst führte, ließ er sie gern unter dem Kreuzbalken seiner seitwärts gestreckten Arme zum Portal einpassieren. Sein Körpermaß von fast zwei Metern war für einen Husaren vorschriftswidrig – wie der ganze Kerl.

Als ich ihn kennenlernte, trug er eine französische Reithose. 1910 in Algier, als es noch eine soldatische Kameradschaft in Europa gab. Offiziere der französischen Spahis hatten den im Sonnenland Erholung suchenden Sohn des Nordens zu einem Wüstenritt eingeladen, und da es in ganz Algier keine passende Reithose für so lange Beine gab, eine solche beim Regimentsschneider anfertigen lassen. Mücke speiste damals im Restaurant »Mustapha«. Zu jedem Menu wurde dem Gast ein Liter Algerier-Wein hingestellt, den der Normalfranzose, mit Siphon verdünnt, nur halb auszutrinken pflegt. Unserm künftigen Schwabinger aber mundete der sonnenheiße Rebensaft des Halmilkar Barkas über alle Maßen, und er trank seelenruhig auch den zweiten Liter, den ihm der bediende Garçon hinstellte. Nach einiger Zeit fiel dem stillen Zecher auf, daß er von sämtlichen Gästen ringsum mit wohlwollendem Lächeln betrachtet wurde, gleich einer Attraktionsnummer im Zirkus. Er bat den Wirt zu sich und schlug ihm vor, seinen ungewöhnlichen Wein-Kosum extra zu begleichen. »Mais pas du tout, Monsieur, bien au contraire«, protestierte der Gastgeber. »Ich bitte Sie vielmehr, sich künftig auch für das Menu als Ehrengast des Hauses zu betrachten.« »Nanu! Wieso und warum?« Der Wirt schmunzelte diskret. Aber der arabische Kellner plauderte gegen das übliche Backschisch das Geheimnis aus. Es hatte sich herumgesprochen, daß ein germanischer Riese täglich bei »Mustapha« ganze Literflaschen unvermischten Weins austrinke. Und diesen nordischen Zecher wollte ganz Algier sehen. Das Lokal wurde von Tag zu Tag voller, und schließlich reichte der so erfolgreich Genesende um einen Nachurlaub ein.

Im Ersten Weltkrieg verwundet, nahm der Rittmeister seinen Abschied und warf sich, vom Schwertgeklirr enttäuscht, der friedlich pinselnden Muse Schwabings in die Arme.

Unterdessen brach das Tausendjährige Reich aus, und der preußische Junker stand mit aller Deutlichkeit seiner Kavalleristensprache sofort auf der Gegenbarrikade. Mit lebensgefährlicher Offenheit sprach er unmißverständlich vom »Lümmel mit den Manieren eines Vorstadtkellners«. Als das Mahnmal mit dem SS-Doppelposten an der Feldherrnhalle Aufstellung fand, wollte er sich's anschauen und spazierte ostentativ, die Pfeife im Mund, mit festgeschraubtem Hut vorbei, einmal, zweimal, dreimal … Schließlich kam ein Schutzmann und bedeutete ihm, er habe zu grüßen. Ob er denn die neue Vorschrift nicht kenne? – Seit wann sei es in Deutschland Vorschrift, sogenannte Helden einer gegnerischen Partei zu grüßen? Übrigens habe der Wachtmeister zunächst stramm zu stehen vor dem Rittmeister von Mücke. Der Polizist, noch in der guten alten blauen Münchner Polizei geschult, blieb höflich. Er bat den Herrn Rittmeister, keinen Skandal zu machen und sich zu entfernen. Aber Mücke bestand darauf, den Polizeimann zur Aufklärung des Falles auf die Hauptwache zu führen. Dort amtierte noch ein Kommissar alter Schule, dem der Name von Mücke soldatischen Respekt einflößte und der keine »G'schichtn« haben wollte. Er bat den hartnäckigen Delinquenten inständig, brav und still heimzugehen. »Das könnt' euch so passen, damit ihr mir wegen Fluchtversuches in den Rücken schießen könnt!« erwiderte der Dickschädel und bestand, ahnungslos, was er dabei riskierte, auf seinem Verbleiben, bis ein Offizier seines Ranges, entsprechend den militärischen Rechtsbestimmungen, den Fall geklärt habe. Vorerst habe er als Offizier einen Anspruch auf eine standesgemäße Verpflegung. Die Polizeiwache stand Kopf, aber sie verschaffte Speise und Trank laut Vorschrift, und erst abends, nach einer zweiten Mahlzeit auf Kosten des Tausendjährigen Reiches, ließ sich der Schwabinger »Revoluzzer« von einem Polizeimajor bei einer Flasche Burgunder beschwichtigen und geruhte, sich per Auto heimbringen zu lassen. Seitdem stand von Mücke im Ruf, Narrenfreiheit zu genießen.

Zum prächtigen Gegenspieler eines solchen Vaters wurde schon in jüngsten Knabenjahren sein von der Mutter auf dem Lande zum Kavalier erzogener Sohn C. Als der Junge zum erstenmal auf Besuch in die väterliche Boheme-Bude kam, fragte der unvorbereitete Papa in seiner Weidmanns- und Hundezüchtersprache die Hausmeisterin: »Was für Tagesrationen verzehrt eigentlich so ein Kind?« Aber die beiden vertrugen sich gut, unter Wahrung absoluter Selbständigkeit. Wenn der Kleine mit dem Papa nicht zufrieden war, quartierte er sich selbständig ins Hotel um. Mit zwölf Jahren beschloß er, mit dem Rad nach Indien auszuwandern, steckte zwei Schinkenbrote ein und kam glücklich bis Oberammergau. Es gab manchmal Auseinandersetzungen, bei denen der jüngste Sproß des Mykal-Stammes dem älteren nichts schuldig blieb. Am Morgen nach solch familiärer Debatte fand ich einmal keinen heilen Stuhl mehr im Atelier. Ein anderes kennzeichnendes Erinnerungsbild zeigt mir im Chaos des Hausrats einen einsamen Husarenstiefel, der auf seinen abhanden gekommenen Zwilling wartet.

In den letzten Jahren konnte man die hagere Gestalt Mückes in einem alten Lodenmantel mit umgehängter Markttasche, ein Einkaufsnetz voll Kartoffeln und Gemüse in jeder Hand, mittags im Umkreis der Trautenwolfstraße, gleich einem Gespenst aus der Schwabinger »Mancha« von einem Laderl ins andere wandeln sehen. Mit den dürftigen Groschen, die der allabendliche Stammtischwein in der Malerbörse übrig ließ, wurde so der Junggesellenhaushalt versorgt, in dem ein erstaunliches Kavaliersdasein die abgeklärte Ruhe eines armen, aber unverfälschten Ritters fand.

Dieses merkwürdige Schicksal blieb sich auch im Tode treu. Er erfolgte durch nächtlichen Blutsturz und blieb zunächst unbemerkt. So erfuhren die Freunde nichts von dem Ableben. Als vier Tage später ein Dachauer Freund kam, öffnete ihm die Aufräumerin die Tür mit dem Bescheid: »Herrn von Mücke können S' jetzt net sprechen. Der is net da. Der is im Krematorium und wird grad verbrennt!«

Aber am Stammtisch der Altschwabinger Malerzunft, dem der Nestor Professor Tröndle, ein König Laurin von stämmigem Format und geistiger Überlegenheit, vorsteht, trinken wir immer noch unsern kräftigen Schluck auf seine Unvergänglichkeit.

Der andere Don war unser wackerer Reck. Seine vollständige Visitenkarte hätte lauten können: »Friedrich Baron von Reck-Malecrewen«, aber in der Länge hat er sie nie zum Druck gehen lassen, es genügte ihm Fritz

Reck-Maleczewen. Mit diesem Namen hat er sich eine »Glorie« gemacht – als Schriftsteller und als Schwabinger. Noch heute, wenn mir mal nicht gut zu Mute ist, angle ich seine Sammlung »Der grobe Brief« aus dem Bücherregal und lese:

Der Dichter M., als er vom Auto überfahren war und wegen Nichtbeachtung der Verkehrsvorschriften einen Strafbefehl über fünfzehn Mark erhielt:

An das Amtsgericht München   17. Jan. 1930
Ich nehme zur Kenntnis, daß ich, weil ich vom Auto überfahren worden bin, mit fünfzehn Mark Geldstrafe belegt werde.
Ich habe keine fünfzehn Mark, woher soll ich fünfzehn Mark nehmen? Ich übersende dem Amtsgericht beifolgend ein Autogramm von mir. Ein Autogramm von mir ist im Handel fünfzig Mark wert, so daß zu meinen Gunsten noch ein Saldo von fünfunddreißig Mark bleibt. Sollte mein Guthaben von fünfunddreißig Mark nicht bis zum 1. Februar in meinem Besitze sein, so nehme ich an, daß dem Amtsgericht Einziehung durch Postauftrag erwünscht ist.   M.

Der Dorfälteste Hassan Ben Omar an die Firma Becker, Schultz & Co. in Hamburg:

Njambwe-Ogogo, Ostafrika,
26. August 1912
Herr!
Warum hast Du mir nicht die Seife geschickt, die ich verlangt habe? Glaubst Du vielleicht, mein Geld ist schlecht?
Verflucht seist Du, Becker, Schulz & Co., mögen Heuschrecken Deinen Mais fressen und die Tsetse Deine Kühe stechen, da Du mir keine Seife schicken willst!

Dein untertäniger Diener
Hassan ben Omar

Alter Reck, der du 1945 im Konzentrationslager Dachau als Opfer einer gemeinen Denunziation starbst, wie steigt dein Schatten wieder vor mir auf! …
Der schwabylonische Recke stand dem Rittmeister von Mücke sehr nahe, und dieser hat mir denn auch einen seiner lustigsten Streiche erzählt.

Äußerlich trug »der Reck«, auf die Note eines lockeren Dandytums gestimmt, gern Reithose und Sporenstiefel oder das goldgeknöpfte Seemannsblau, obschon er weder Pferd noch Segeljacht besaß. Aber seine Phantasie lebte in diesen Zonen und sie quoll und schwoll oft über alle Grenzen wie der Geist aus der Flasche in den Märchen von 1001 Nacht. Daß solchen Aufwind-Perioden dann ebensooft tiefe lebensgefährliche Depressionen folgten und daß dieser Wechsel zuweilen im Nu mit Wetterhäuschenselbstverständlichkeit vor sich ging, dies muß gleich hier gesagt werden, zum Verständnis des Späteren. Alle seine Erzählungen lebten ja von einer abenteuerlichen Fabulierkunst – im Grunde genommen lebte sogar sein Leben davon. Er ist uns allen manchmal damit auf die Nerven gegangen; aber man mußte ihn einfach gern haben – wenn man nicht auf Pistolen gefordert sein wollte.

Man tat auch gut daran zu glauben, daß er in sämtlichen Befreiungs- und Konquistadoren-Armeen der Weltgeschichte, mit Cortez und Garibaldi, mit Buffalo Bill und mit den Buren, unter Wrangel und Denikin gefochten und es bis zum Obersten gebracht hatte. Ich habe das immer reizend gefunden und nie Zweifel geäußert. Ebensowenig zeigte ich mich erstaunt, wenn der treffliche Baron in einem Kreise eifriger Bierbankstrategen mit ernstester Miene sagte: »Am Vorabend der Schlacht von Tannenberg sprach Ludendorff zu mir: Nun, lieber Reck, was meinen Sie zur Lage? ... Und so wurde der Sieg entschieden.« Ebenso ernst konnte er gelegentlich hinwerfen: »Am Morgen der Schlacht von Lützen, ehe er in den Sattel stieg, ließ mich Gustav Adolf zu sich rufen und sagte: Mein lieber Obrist, soll ich die Schlacht schlagen? ... Leider hörte der große Feldherr nicht auf meine dringende Warnung, sonst wäre er heute noch am Leben.«

Ich zweifle nicht, daß der köstliche Plauderer alles, was er sagte, im Augenblick auch glaubte. Er bleibt ein Phänomen der Phantasie und trug ihr wechselndes lebendiges Gesicht mit fürstlichem Weltgefühl zur Schau.

Ja, und nun sein lustigster Streich! – Eines Tages flog dem guten Mücke, der gerade mit dem liebevollen Ausmalen eines Riesenhummers auf einem reich ausgestatteten Stilleben beschäftigt war, ein Alarmbrief auf den verhältnismäßig leeren Frühstückstisch: »Die Armeepistole liegt neben mir. Wenn es einen Menschen auf der Welt gibt, der mich vielleicht noch überzeugen könnte, daß dies erbärmliche Dasein lebenswert ist, dann nur Sie! Aber Sie müßten sich beeilen. Wenn nicht, leben Sie wohl!« ...

Der Stillebenmaler trat ans Fenster, an das gerade ein Wolkenbruch klatschte. Bei d e m Wetter hinaus in die bayrischen Berge, wo der Todeskandidat standesgemäß ein halb zerfallenes Schloß bewohnte! Doch der Hilferuf gestattete kein Zaudern. Fahrrad her und hinein in die Sintflut! ...

Das Wasser rann dem Lebensretter aus Ärmel und Hosenbein, als er die verrostete Klingel am Schloßgartentor zog. Eine muffige Alte öffnete widerwillig und abweisend. Mück kannte sie schon. Es war die alte Zenz, der hart gepanzerte Burgdrache Recks. –»Wo ist Herr Reck? ... Führen Sie mich sofort zu ihm!« –»Der Herr Baron is net da, er is mit dem Motorradl nach Minka einig'fahrn.« –»Wieso? ... Was heißt das ... Das ist doch unmöglich! Lassen Sie mich rein!« –»Meintswegen. Auf oan mehr geht's a nimma z'samm! Es san eh scho sechsa herin!« ...

Und wirklich, in dem dämmerigen Riesenspeisesaal saßen um den großen runden Eichentisch, einander mit langen Gesichtern anblickend, sechs Wartende, drei Männer, drei Frauen. Alle sechs, mit Mücke nunmehr sieben, hatte, wie sich bald herausstellte, der fast wortwörtlich gleiche Brief aus ihrer Ruhe an diesen ungastlichen Konferenztisch beordert ...

Nun saßen sie hoffnungslos da, nicht so sehr aus Trauer Recks wegen, der nach dieser Schalksnarrennummer sich schon wieder einfinden würde, sondern vielmehr der Verproviantierung wegen. Der Hausdrache zeigte keinerlei Anwandlung von gastfreundlicher Gesinnung. Das nächste Dorfwirtshaus lag eine halbe Stunde weit entfernt, das Wetter tobte, und allen schaute der Hunger aus den hohlen Augen.

Schließlich schickte man Mücke als Parlamentär mit den sechs eigenhändigen Einladungen des Hausherrn in die Küche.»Bitte, lesen Sie das!« sagte er zu dem Drachen.»Schließlich sind wir als Gäste Ihres Herrn hier!«»Ja mei«, floß die Antwort wie Honigseim,»der schreibt viel, wenn der Tag lang ist!« ... Der Unterhändler zog sich zurück zu einer weiteren Round table-Konferenz. Sie würde ergebnislos verlaufen sein, wenn sich nicht in der Küche zuletzt doch ein Menschenherz gerührt hätte: Die Zenz brachte einen Riesentopf Reis herbei. Zwar war es leerer Wasserreis, aber man löffelte wie irrsinnig ... Nur Mücke grollte:»Ich bin doch kein Fakir!«

Plötzlich knatterte ein Motor im Burghof. Der Lebensmüde trat quicklebendig in den Rittersaal, stupste einen dicken Rucksack auf den Scharfrichtertisch und rieb sich die Hände.»Donnerwetter, hab ich 'n Hunger!« –»Wir auch!« ... Die Entfernung schien indessen diesen Zwischenruf zu verschlucken. Auch hatte der Anblick des großen Reistopfes den phantasievollen Reck wohl hinlänglich getröstet. Er packte eine Flasche Rotwein und ein Pfund Schinken aus seinem Rucksack und warf sich mit blindem Heißhunger darüber. In zehn Minuten war er damit fertig und fragte harmlos: »Na, und Ihr? ... Ist es nicht nett bei mir? Übrigens, welcher glückliche Zufall führt Euch alle zusammen heraus? ... Mein Brief? ... Was denn für ein Brief? ... Ach so! ... Das habe ich mir reiflich anders überlegt ... Aber jetzt verzeiht, liebe Freundinnen und Freunde, ich muß mich nur umziehen und gleich wieder weiter ... Der Fürst von Monaco erwartet mich dringend zur Reorganisation seiner Kavallerie. Ich muß heute nacht noch nach Monte fahren ... Ihr entschuldigt mich also, liebe Freunde. Laßt es Euch weiter gut gehen. Mein Schloß gehört Euch, wie immer. Meine treue Zenz wird Euch weiter mütterlich betreuen. Reis ist noch genug da!«

Die neue Boheme

An einem schönen Sommerabend erhielt ich eine Postkarte: »Heute abend ist Jan wieder da, kleiner Freundeskreis findet sich zur Küchensitzung zusammen. – gez. Fürmann.«

Schon auf dem Weg nach der Belgradstraße 57 schloß sich mir ein alter Bekannter an, der ebenfalls der Gegend zustrebte, wo die Häuserreihen allmählich ins freie Vorstadtfeld ausliefen. Ein Klein-Opel stand wartend abseits im Dunkel. »Siehst du wohl, die Boheme fährt jetzt Auto!« Die baritonale Kuhglocke am Brettertürchen klang, Sesam tat sich auf. Aus duftendem Parkdunkel leuchtete schwach der altvertraute Fest- und Tanzsaal.

Pensionsvater Fürmann stand wieder vor mir mit seinem sonnenbraunen Farmergesicht und der kräftig zupackenden Arbeitspranke. Ich erwartete, die fröhlichen Gespenster alter Anhänglichkeit auftauchen zu sehen, all die Leute von Namen, die hier einmal namenlos glücklich waren.

Aber nein, was sich jetzt hier tummelte, war die n e u e Boheme: braune, sportliche Gestalten, Studenten, Künstler, Techniker, die den Schneeschuh liebten und das freie Schwimmen im Bergsee.

Im Halbdunkel der Venezianischen Nacht auf lauschigen Bänken und in den grünen Lauben des schönen Parkgartens, unter festlich glühenden Papiergestirnen bewegte sich diese gewandelte Boheme mit bemerkenswert unromantischer Sicherheit. Ihr konnte nichts an. Und die sanfte Bowle, die Vater Fürmann kunstgerecht dosierte, kam ihr nicht bei. In gesunden, braunen Mädchengesichtern rauchte energisch die Zigarette, selbstbewußt lehnte der Bubikopf in der hohlen Hand, und der Blick war fest und unerschrocken ins Auge des männlichen Gegners gerichtet. Diese Boheme wußte, daß das Leben k e i n Traum ist. ...

Auch die von damals hatten sich aus dem einstigen Lebensberuf eines Schwabingers zur Erdensicherheit entwickelt. Da war der sympathische Deutschrusse Maisel, einst ewiger Ingenieurstudent, heute ein erprobter Autospezialist, daneben Zadikow, der deutsche Rompreisträger für Bildhauerei, aus der Villa Massimo heimgekehrt. Einen Stuhl weiter Anuschka, die kaukasische Philologin im flammroten Haarschmuck; die elegante Turnierreiterin Emmy und da war »Franzi«, dies Eigengewächs München-Schwabings, die ihren jetzigen Gatten, den köstlichen Ernst

Hoferichter, auf seinen Reisen rund um die Welt als anregende Muse begleitet hat, der Kunstgewerbler St., eine Marke seines Fachs, und wie die anderen ein lebendiger Beweis, wieviel Tüchtigkeit im alten Schwabingertum gesteckt hatte.

Und ja, da war Jan Gordon, der Ehrengast des Abends. Athletisch gewachsen, von unverwüstlichem Lebensmut, war er mit seiner Frau Cora, der englischen Aristokratin und Nichte des Lord-Ministers Asquith, gekommen, um wieder einmal Schwabinger Luft zu atmen. In diesem Künstlerehepaar trieb der wunderliche Stammbaum der Boheme eine köstliche Doppelfrucht. In Paris besaßen die beiden auf dem Montparnasse ein malerisches Atelier; ein erstaunliches Stück Arbeit lag hinter ihnen. Fünfzehn Jahre auf echter Zigeunerfahrt durch die Welt, hatten sie siebzehn Bände geschmackvoller Buchkunst herausgegeben, mit eignen Bildern und Skizzen illustriert. Darin waren erzählt die Fahrten zu Pferd und zu Esel durch Albanien, Spanien und die Türkei, und im Kleinauto mit dem Schlafzelt vom Wilden Westen bis nach Alaska.

Von allen gedrängt, kam Jan ins Erzählen, und die alte Fürmann-Küche, die schon vieles erlebt hatte, füllte sich mit ansteckender Abenteuerlust, die in den Gesichtern der Jungen widerschien. Am meisten belachten wir die Geschichte, wie das Paar in Spanien verhaftet wurde, als es mit dem Eselskarren durch die dürre Mancha, die Landschaft Don Quixotes, zog. Irgend ein Steckbrief schien auf die beiden zu passen, und im Handumdrehen waren sie in den Händen der Staatsgewalt. Jan, mit einem »Zigeuner-Paß« versehen, der ihm erlaubte, in besseren Kontakt mit Menschen und Dingen zu kommen, zückte zunächst diesen. Den Erfolg hatte er erwartet: Eine Triumphwoge detektivischen Spürsinns ging hoch. Als sie Jan und Cora zu verschlingen drohte, zog er gelassen seine anderen, die »aristokratischen« Papiere. Diese trugen als ausstellende Behörde den Namen eines authentischen Lords. Jetzt raffte der spanische Wachtmeister, um gleichzeitig seine Reverenz und seine alles begreifende Menschenkenntnis zu erweisen, die zwei einzigen Wörter zusammen, aus denen sein englisches Vokabular bestand. »Mylord!« sagte er mit einer tiefen Verbeugung, und dann, an die Stirn tippend: »Spleen!« ... Damit entließ er das merkwürdigste Paar, das er je verhaftet hatte.

Und nun griff Jan zur Gitarre und spielte mit dem unerhörten musikalischen Griff, den wir von früher her kannten, Volksweisen und Tänze aller spanischen Provinzen. Seine Hand wirbelte und peitschte die Melodie. Man sah förmlich, wie sich um stöckelbeschuhte Füße die lange sevillanische Rockschleppe wickelte und kreisend wieder entfaltete. Man sah es allen an, besonders aber unserm Fürmann, wie das alte Weltwandergefühl durch die Seelen schweifte.

Im Park wurde heute eine neue Bank in einer neuen Laube eingeweiht. Dorthin gingen wir paar Alten von einst nun und setzten uns um den Bowlentisch, während vom Tanzsaal her das unverwüstliche Klavier mit Harmonikabegleitung den Musette-Walzer spielte. – Stumm stießen wir an – wir Gespenster.

Aber wem galt unser erstes Prosit? Der Jugend. Dieser neuen Jugend, die sich einen neuen Weg in ein neues Leben bahnte und auf die wir mit leiser Wehmut, aber auch mit einem stillen, liebenden Glücksgefühl schauten. Auch sie wuchs jetzt in die alte Weisheit Schwabings hinein: das Leben nicht schwerer zu nehmen, als es ohnehin ist.

Wir hoben unsere Gläser hinüber zu den hellerleuchteten Fenstern …

Ruinen im Mondschein

Heinrich Fürmann fühlte sich seit 1933 am Ende seiner Lebenssendung. Als zwei Jahre später seine Frau starb, sah er dem erwünschten Tode ins Gesicht. Es ist mir eine schöne Erinnerung geblieben, wie er in seinen letzten Tagen aus dem Seemanns- und Trampleben von einst erzählte. Noch einmal strebte die Sehnsucht nach Welt- und Atemweite hinaus aufs Meer und in die Steppen, hin zur Stimmung der Jugend, vor der Zeit und Zukunft endlos daliegen. Und dann schritt der alte Schwabinger hinüber in das Land, aus dem kein Wanderer zurückkehrt, in die letzte große Freiheit.

Die pergamentene Pensionschronik hat Fürmann testamentarisch mir vermacht. In ihren Seiten blätternd, kam mir ein Gefühl des Dankes und der Verpflichtung. Es hat nicht wenig zu dem Entschlusse beigetragen, diese Erinnerungen zu schreiben.

Erinnerungen? Es sind doch nicht nur solche. Überall glänzt der Tag, das lebendige Heute in diese Blätter hinein.

Noch einmal kam ein Krieg. Er kam mit einer besonderen Art des Auftretens, die an jenes alte Bild erinnert, wo ein riesiger Generalstiefel die kleine Welt zusammentritt. Wie hat die Philosophie Schwabings diesen Stiefeltritt überdauert?

Was dachte ich in jener Nacht, als ich im Schlafanzug, mit der Fürmann-Chronik unterm Arm, auf einem Backsteinrest saß und in den leeren Mondhimmel schaute? Eine Mauer, vom Mond gespenstisch beleuchtet, ragte hoch auf. Dort oben, wo jetzt nur noch ein Erinnerungswölkchen schwebte, hatten meine vier Wände gestanden, ein Wohnatelier, um das mich manch einer in Schwabing beneidet hatte. Was dachte ich? – Ich dachte an die vielen Meisterwerke, die ich da oben hatte schreiben wollen. Es hätte eine Romanserie nicht unter zehn Bänden werden sollen, eine zweite »Menschliche Komödie«. Die war mir der hochgelegene Poetenwinkel nun schuldig geblieben; aber er hatte mir Schöneres dafür geschenkt. Ja, das war der tückische Zauber dieses Ateliers gewesen, daß es keinem Plan Vollendung gönnte. Die glosende chinesische Ampel neben dem westöstlichen Diwan hatte die merkwürdige Eigenschaft gehabt, Schöpferträume zwar aufblühen, aber nie ausreifen zu lassen. Man mochte im schönsten Anlauf sein – immer kam etwas dazwischen; der abgemachte Straßenpfiff eines Wagner-Motivs, ein verabredetes Klingelzeichen im Daktylus-Rhythmus, hastige Schrittchen treppauf, ein diskretes Parfümwölkchen … und dann rekelte sich das, was man »Leben« nannte und für wichtiger nahm als die strenge Arbeit, stundenlang auf dem östlichen Diwan, unter dem kaukasischen Wandteppich mit dem Königspaar, dem der primitive Webkünstler vier linke Hände gegeben hatte. … Die Ergebung ins Schicksal, die Kismet-Stimmung des Orients umfing einen da oben.

War es nur mir so ergangen? Nein, jedem. Einmal, im aufregenden Inflations-Zwischenspiel, hatte ein Berliner Freund, indem er eine kurze Abwesenheit von mir benutzte, sich dort oben eingelistet.

Ich selbst erlebte damals im Hotel ein aufregendes Inflations-Zwischenspiel voll zweideutiger Weltatmosphäre. Schwirrend von fremden Sprachen, wimmelnd von Dienern mit Messingknöpfen und Admiralsmützen. Da saß man an einem Tisch mit lauter verwegenen Welteroberern, die angeblich geradenwegs vom Amazonas kamen, auf dem Kongo Kanu gefahren waren und sich in den Niagara-Fällen geduscht hatten. Hei, mußte das ein Leben sein! Ich war als bloßer Zuhörer ganz berauscht davon. Nachts brüllten Affen und Jaguare in meinen Traum.

Doch eines Tages war mein Zwangsmieter verschwunden; seine Hinterlassenschaft bestand aus einem freundlichen Gruß und der unbezahlten Miet- und Gasrechnung. In dem Freundesbrief hieß es: »Dank für Deine Gastfreundschaft. Aber ich habe in Deiner verflixten Wohnung nur Pech gehabt. Jeder meiner lyrischen Entwürfe ist an einem Vers gescheitert. Das Manuskript meines Romans blieb im ersten Kapitel stecken, von meinem Drama ist nur die Schlußszene fertig. Die versprochenen Vorschüsse der Verleger sind alle ausgeblieben. Zu guter Letzt ist mir die schöne Susi, auch ein Erbstück von Dir, mit einem Balkanesen durchgegangen. … Ich gehe lieber nach Berlin zurück und trete in das Zigarrengeschäft meines Vaters ein.«

Auf diese Weise war ich also damals wieder in meine alte Kismet-Bude zurückgekehrt.

Und was dachte ich, wenn ich mir mein verlorenes Hab und Gut vorstellte? Was tat mir am meisten leid von all den Besitztümern? Die Bücher, ja. Die Bilder, die Möbel, ja. Aber der alte Tropenhelm meiner Afrikareisen, den ich später jahrelang durch manche Schwabinger Winter-Faschingsnacht getragen hatte, – er tat mir am meisten leid.

Aber auch hier bewährte sich noch einmal der Geist Schwabings. Am Abend, nachdem mir Haus und Helm verbrannt waren, traf ich – als ob ein Pocci-Zauberer mir ihn in den Weg geschickt hätte – den klugen indischen Studenten, dem ich früher oft nördlich des Siegestores begegnet war. Er lächelte. Auch ihm war von seiner Schwabinger Bude nichts übriggeblieben. Aber er lächelte: »Ich bin als Brahmanenknabe am Krischna-Ufer geboren. Unsere alten indischen Weisen wissen von jeher, welche Gefahren für die Seele in einer festen Wohnung stecken. Der Mensch soll wandern. Nur der Europäer hängt an seiner Wohnung. Nun bin ich wieder glücklich davon erlöst.« Da mußte auch ich brahmanisch lächeln.

Trotzdem – daheim

In den »Trümmerjahren« hat man in unserem Weltteil Schwabing mancherlei gesehen und gehört. Das Hübscheste aber, das ich hörte und das fortan als hoffnungsvolles Motto über allem schwebte, war das Wort einer einfachen Frau aus dem Volke, das ich während des letzten Kriegsjahres auf der »neuzeitlichen« Kistendeckel-Straßenbahn aufschnappte. Die richtige Straßenbahn fuhr längst nicht mehr; die Leitungsdrähte hingen zerrissen herunter; die Schienen bäumten sich in die Luft. Da rumpelte denn zwischen dem Stadtinnern und unserm Schwabinger Eiland auf rasch gelegten Lurenschienen ein offenes, ungedecktes Holzbank-Bähnle hin und her. Der Volksmund nannte es den »Rasenden Gauleiter«. Die Bänke waren immer dicht besetzt, mochte Regen prasseln oder Sandsturm wehen. Als wir an der zusammengestürzten roten Backsteinmauer des Nördlichen Friedhofs vorüberfuhren, drehte die Frau das kleine Mädel, das zwischen ihren Knien stand, um und zeigte hinüber zu dem Trümmerhügel, der einmal ihr Haus gewesen war. »Schaug, Resi«, sagte sie freudestrahlenden Angesichts, »jetzt san mer wieder dahoam!«

Ja, – in Schwabing sein, das hieß nun mal daheim sein.

»Schwabing lebt!«

Wenn man sich genauer umsah, kam aus den Schlupfwinkeln der Um- und Einstürze doch viel Überlebendes hervor. Theo Prosel nahm den alten roten Simpl-Hund Thomas Theodor Heines am Halsbandl und ließ ihn wieder am Sektpfropfen knabbern. Er fand viele Gäste, aber noch mehr Konkurrenten. Es kam wieder einmal eine »Zeit des Kabaretts« und der geistsprühenden Schwabylon-Kultstätten. Jeder dritte Schwabinger entdeckte den Conférencier in sich oder den Gastwirt, sprang aufs Podium oder an die Kasse, kredenzte Gedichte oder Cocktails. Da blühte um Gustl Weigert und Peter Paul Althaus, den Dichter der »Traumstadt« und der »Flower Tales«, die »Seerose« auf; im »Leopold«, wo einst Papa Benz mit üppigem Tenor sein »Küsse mich, o Manuela!« gesungen und wo Karl Valentin mit Liesl Karlstadt sein Standquartier gehabt hat, regte sich neues Leben; »Mutti Bräu« trat im »Pfälzer Hof« so etwas wie die Nachfolge der Kathi Kobus an. Hier setzte sich eine beinahe echt aussehende »Arche Noah« auf der Schwabinger Erde ab; dort improvisierte Anton Sailer, Maler und Poet dazu, eine »Gartenzwerg«-Mansarde. Und so, zwischen »Zelt« und »Puszta-Keller«, »Laterne« und »Siegesgarten«, Sternchens »Nachteule« und dem jüngsten schmucken »Café Siegestor«, zwischen Stätten von verwegenem Vorstadt- oder kess-mondänem City-Charakter hin- und herpendelnd, kann man neuestes Schwabing in allen Variationen genießen.

Nicht alle Kneipen und Beiseln, die »das deutsche Wirtschaftswunder« werden ließ, konnten sich halten. Aber wo eine Tür zufiel, tat sich meistens eine andere auf. Der Geist der »Gauklerfeste« schweifte ungebunden durch das ganze Jahr. Denn Boheme hat nun einmal kein Sitzfleisch, dafür aber Phantasie! Phantasie baute im »Studio 15« in drei Stockwerken wechselnde Welten auf, vom Dämmer-Urwald bis zum grellsonnigen Miamistrand. Phantasie grub sich die mysteriösen Rattengewölbe der »Katakomben«, wo die Münchner Existenzialisten hausten und der narrische Kunstmaler mit Leichenbittermiene durch die Schar seiner Gäste ging, seinen Zylinderhut zog und rief: »Schwabing lebt!« – Besorgten Stadt- und Staatsvätern mochte beim Gedanken an die Zukunft gruseln: Diese »Katakomben«, Kolonialland Schwabylons, lagen weit vorgeschoben nahe dem Stachus-Stadtzentrum. Bald kam im Kellergewölbe des »Augustiners« der »Tunnel« dazu. Würden die un-

terirdischen Stollen und Laufgänge am Ende noch weitere Gebiete un-
terminieren? – Solche Bedenken waren wohl geeignet, die Wachsamkeit
der Oberhäupter auf Alarmstufe I zu bringen, besonders seit sich viru-
lente Gemeinschaften bildeten, deren Namen, etwa »Kleine Freiheit«
oder »Kleine Fische«, naseweise Aufsässigkeit und frechen Vorwitz ahnen ließen.

Doch zeigten sich auch staatsbürgerlich und finanzpolitisch erfreuli-
che Entwicklungen in der Schwabylonier-Reservation. Indem die guten
Leutchen sich bemühten, wirklich etwas fürs Geld zu bieten, förderten sie
den Fremdenverkehr, so daß man ihnen behördlicherseits immerhin mit
einem lachenden Auge zusehen konnte. Der kulinarische Traditionszweig
(siehe Maaßen, siehe Lulu Fürmann) zeitigte neue Triebe. Zuerst unter
Theo Prosels Zaubersprüchen, dann unter denen anderer Häuptlinge, gewann das berühmte original-echte Schwabinger Gulasch seine alte Pa-
prikakraft wieder, auch die Schwabinger Weißwürste, besonders die der
Faschingsmitternächte, kamen erneut zu Ruhm und Ansehen.

Als man Ortega y Gasset, dem großen Spanier, ein überexistenziali-
stisches Beefsteak vorsetzte, fragte er: »Verkehren hier Tiger?«»Jawohl,
Herr Professor«, lautete die Antwort, »Literatur- und Premierentiger.«

So wurde denn Schwabing allgemach mitsamt den Ruinenfeldern eine
Sehenswürdigkeit für die internationale Touristik. Es fingen regelmäßige
Führungen an, wobei eine Groß- und Edelschwabingerin, Irmgard Kaupisch v. Reppert, als sachkundige Ariadne wirkte. Man sah sich Schwabing an, wie man die Reeperbahn oder Soho, das Hafenviertel von Marseille oder das Trastevere anschaut. Man sagte »Wonderful!« und fuhr im
Autocar weiter.

Weiche Elegiker und scharfe Kritiker wollen aus solchen Anzeichen
erkennen, daß das Ende Schwabings gekommen sei. Sobald erst mal der
genius loci staunend betrachtetes Objekt würde, sei es im Grunde mit
ihm vorbei. Aber zeigt man nicht seit Jahrzehnten in Paris den Fremden
den alten Künstlerberg Montmartre und neuerdings das moderne Exi-
stenzialistenviertel von St. Germain des Prés, ohne daß sie darüber zu-
grundegingen?

Es stehe nur irgendwo ein origineller Gedanke, eine paradox treffende
Idee auf: Gleich ist Schwabing wieder da. Die neueste Erfindung, die bis
Amerika von sich reden macht? Das sind die Charakter-Test-Puppen der
Kaupisch. Nämlich so: Wenn Liebesleute, die die Absicht haben, zu heiraten, sich vor die Reihe dieser Puppen setzen, und er wählt diese, sie
wählt jene, dann sagt die psychologisierende Künstlerin den beiden auf
den Kopf zu, ob ihre Charaktere zueinander passen, ob sie heiraten sollen

oder nicht. Ein sehr bodenständiges Schwabinger Orakel, nicht wahr? – Schließlich hat Ludwig Klages die Grundlagen der Charakterologie ja in Schwabing ausgekundschaftet.

Oder es springe eines Tages wieder ein Originalgenie auf die Bretter, wie unser Hans Heiner Knoll eins war, der letzte Bänkelsänger aus François Villons und Bellmanns Geschlecht, der, in der Linken die Laute, in der Rechten die Flasche, verstarb – : Mit einem Schlage sind alle Schwabinger Geister, vom seligen Asbe angefangen, wieder beisammen.

Oder man höre Peter Paul Althaus eine seiner »Flower Tales« sprechen:

Ich bin eine japanische Kirschblüte;
ich nicht sprechen gut deutsch.
Excuse me, Sir.
Die Blütenblätter von alle meine Schwestern
gestern
schon gefallen in den Heiligen Teich der Sieben
Schwäne
zwischen der Fahrradfabrik und der Pagode
des Yakushiji
und als Schiffchen schwimmen
für kleine Käferlein.
Meine Blütenblätter morgen fallen;
aber dann kleine Käferlein
alle schon Schiffchen haben.
What a pity! N'est-ce pas?

Ist das nicht Schwabing, wie es in den allerbesten Zeiten war? Neulich ging ich mit einem Professor der Botanik durch Gegenden, wo sich unaufgeräumte Trümmerblachfelder breiten. Er zeigte auf die erstaunlich reiche und bunte Flora, die sich auf diesen Hügeln angesiedelt hat. »Weißt du«, fragte er, »daß hier auf dem Trümmerteppich Blumen heimisch geworden sind, die es vorher nie bei euch gegeben hat?« Da mußte ich an die »Flower Tales« denken.

»Schwabing lebt!« Es lebt verborgener als dort, wo Autocars und Cadillacs anlegen. Da kann es geschehen, daß man in einer regenfeuchten Februarnacht durch öde, menschenleere Vorstadtstraßen wandert und, um noch ein Glas Bier zu trinken, in irgendein abgelegenes Wirtshaus tritt, das nur durch Zufall nicht den Namen »Zur letzten Laterne« führt, – und mit einmal steht man wieder im glosend roten Zauberlicht der alten Faschingsnächte, umrungen und umwirbelt von verliebten Masken, es rasselt und prasselt das Tamburin, man setzt sich auf Bierfässer, die zahlreicher als Stühle und Bänke vorhanden sind, und reitet dahin wie auf dem faustischen Blocksberg. – Von außen aber war die Zauberhöhle wie mit einer grauen Zeltleinwand zugedeckt.

Die Feuerzangenbowle

Die jüngst verwichene Sylvesternacht verbrachte ich mit Schwabinger Freunden bei einer Feuerzangenbowle. Sie wurde zum Andenken an eine andere angezündet, um die wir uns vor zehn Jahren versammelt hatten.

Vor zehn Jahren war es geschehen, daß bald nach Sylvester statt der Bowle die ganze Bude brannte, und ich fand den Freund, wie er, schwarz wie ein Kohlentrimmer, mit einer großen Schaufel den Morast der Verwüstung zum Fenster hinausbeförderte.

Jetzt blickte ich in die bläulich züngelnden Flammen, die in dem Kristallgefäß aus dem karfunkelrot leuchtenden Sud stiegen. Phantastische Lichter und Schatten wanderten über die Wände des Raumes, strichen über den »Gott des langen Lebens«, der, umgeben von den acht Unsterblichen, mit gütigem Blick auf uns herabschaute …

Der Gastgeber ging in eine dämmerige Ecke des Raumes und legte Schallplatten auf. Und nun erklang Musik, Schubert-Lieder, von Franz Erb gesungen, eine kapriziöse Suite von Couperin, die »Verklungenen Feste« …

Verklungene Feste … Ja, das ist's. Die Gedanken wandern zurück nach Schwabing-Wahnmoching-Schwabylon. Sie waren schön, die Feste. Sie waren schön, die Mädchen und Frauen. Und es war schön, das Leben.

Was ist geblieben? Was bleibt? Das Leben hat sich verändert; dem Himmel sei's geklagt. Wohin du blickst, heben die Drillmeister des Daseins drohend den Finger, schwingen das Stöckchen und empfehlen den Schülern von der vorderen bis zur hinteren Reihe mehr Ernst, mehr Fleiß, mehr Aufmerksamkeit und besseres Betragen.

Trotzdem bleibt ein schier jungenhafter Übermut, ein ganz unbändiger Trieb zur Lebenslust, ein unverbesserliches Suchen nach der Stunde des Glücks.

Es bleibt ein Lächeln, ein Winken ins Ferne und doch immer Erreichbare, ein Aufschwingen und Überfliegen der Not und Sorgen – es bleibt ein kleiner Schwarm für Schwabylon.

Nachwort

Die gedrängte Erzählweise, die das Erlebte weiter Zeitspannen in dichte Zusammenhänge bringen mußte, verbot, eine regelrechte zeitliche Folge einzuhalten. Ereignisse, die bei genauer Berücksichtigung der Daten entweder weit vor- oder weit zurückspringen würden, sind an engeren Standorten zusammengebunden. Ich erzähle aus dem Gedächtnis. Aber das beste Gedächtnis hat Lükken und bedarf der Korrekturen und Auffüllungen. Wo solche notwendig wurden – und es sollte ja ein leidlich abgerundetes Bild entstehen –, habe ich auf meine Sammlung Schwabingensia, die neben dem Erleben der Schwabinger Wirklichkeit mein Steckenpferd ist, zurückgegriffen.

Auch der Monacensia-Sammlung der Stadtbibliothek und dem Historischen Stadtmuseum München bin ich zu Dank verpflichtet. Bei Zitaten ist der Autor vermerkt; der Journalist, von dem in dem Kapitel »Der Mann, von dem niemand wußte« die Rede ist, ist Ernst Bäumler. Die Bilder aus der mir von Heinrich Fürmann testamentarisch vermachten Pensions-Chronik werden hier zum ersten Male veröffentlicht.*   R. P.

*Die Bilder der Erstausgabe von 1954 sind in der Neuausgabe von 2008 nicht enthalten.